corporate governance

企業統治論

― 東アジアを中心に ―

菊池敏夫・金山 権・新川 本 編著

税務経理協会

は　し　が　き

　近年，企業統治（コーポレート・ガバナンス）に関する著書・論文，報告書などが数多く発行されており，また大学および大学院における講義科目として企業統治論，コーポレート・ガバナンス論などの講座を開設している大学，大学院もあって，企業統治をめぐる研究は活発化しつつあるといえるかもしれない。
　『企業統治論』と題する本書の特色としては，まず第1に，企業統治について，日本，中国，韓国の東アジアの主要国の現状を中心にとりあげ考察していることである。これは東アジアにおける各国の企業統治の問題が身近かな問題として提起されており，これら諸国の企業統治の解明が重要な課題であるという認識にもとづいている。
　また本書の特色の第2は，企業統治の問題を主として取締役会の構成および機能の視点からとらえ，社外取締役，独立取締役をめぐる問題をとりあげ検討していることである。企業統治の問題領域は取締役会に関する問題だけではないことはいうまでもないが，企業統治に関する会社制度上の改革は取締役会の構成および機能を中心に進められているようにみえる。本書では，日本，中国，韓国における取締役会を中心に企業統治の現状を観察し，それらの特徴と問題点を明らかにしようと意図している。本書の特色の第3は，非営利企業のガバナンス問題をとりあげ検討していることである。NPO法人，社会福祉法人をはじめとする各種の非営利企業の社会福祉，介護関連事業における活動が活発化するとともに倒産と不祥事の発生などに対して企業統治機能の確立，強化への社会的な要請も存在している。本書の構成および主な内容について以下に述べることにしたい。
　Chapter Ⅰにおいては，企業統治とは何かという視点から，企業統治問題が提起されてきた背景，および企業統治の改革の歴史と現状が考察されている。

ChapterⅡにおいては，企業活動と企業統治の主体について分析がなされ，企業活動の主体が検討され，企業統治の主体の分類を試み提示している。

　ChapterⅢにおいて，企業統治と取締役会―東アジアを中心に―という主題のもとに，1　日本の企業統治と取締役会，2　中国の企業統治と取締役会，3　韓国の企業統治と取締役会について，それぞれの国の企業統治と取締役会の現状と特徴，問題点などが分析される。とくに中国の企業統治においては，企業統治と従業員関係の問題に光を当て分析が行われている。

　ChapterⅣにおいて，社外取締役・独立取締役をめぐる諸問題を主題として社外取締役，独立取締役の導入の制度化傾向，および独立取締役をめぐる問題点が考察されている。

　ChapterⅤにおいては，企業統治と監査・内部統制に関する問題が検討され企業統治と監査，内部統制の内的関連が明らかにされている。

　ChapterⅥにおいては，非営利企業の企業統治の問題がとりあげられ考察されている。営利企業としての株式会社の企業統治と異なり，株主のいない組織のガバナンスのあり方について問題提起がなされている。

　ChapterⅦ補論において，企業統治における消費者の権益の問題が考察されている。

　本書が学生の皆さんをはじめ大学院生，研究者ならびに社会人の方々にとって企業統治をめぐって何らかの示唆を提供することができれば編著者としてこれ以上のよろこびはない。本書の出版にあたり税務経理協会シニア・エディター峯村英治氏のご尽力にお礼を申し述べる次第である。

　平成26年3月

編著者

執筆者紹介・担当 Chapter

執筆者名		担当 Chapter
菊池敏夫	東京福祉大学大学院非常勤講師 日本大学名誉教授	Ch.Ⅰ 1 – 3, Ch.Ⅵ 4, Ch.Ⅶ
磯　伸彦	浜松学院大学現代コミュニケーション学部准教授 山梨学院大学経営学部非常勤講師 東京工科大学兼任講師	Ch.Ⅰ 4, Ch.Ⅳ 1 – 5
金　在淑	日本経済大学経営学部准教授, 博士（経済学）	Ch.Ⅱ 1 – 5, Ch.Ⅲ 3
新川　本	長崎県立大学経営学部准教授	Ch.Ⅲ 1
金山　権	桜美林大学大学院経営学研究科教授, 博士（経済学）	Ch.Ⅲ 2(1)
董　光哲	桜美林大学ビジネスマネジメント学群准教授, 博士（学術）	Ch.Ⅲ 2(2)
洪　聖協	東京未来大学講師, 博士（経済学）	Ch.Ⅴ 1 – 4
牧野勝都	経営行動研究所客員研究員	Ch.Ⅵ 1 – 3

目　　次

はしがき

Chapter I　企業統治とは何か………………………3
1　企業統治の意味………………………………………3
2　企業統治への組織的対応……………………………4
　　1　組織再編成への動因……………………………… 4
　　2　企業組織の再編成と問題………………………… 5
3　企業統治問題提起の背景……………………………6
　　1　イギリスの企業統治問題の背景………………… 7
　　2　アメリカの問題状況……………………………… 7
　　3　日本における問題提起…………………………… 8
4　企業統治改革の現状とその歴史……………………9
　　1　はじめに－近年の企業統治改革に関するわが国の動向－……9
　　2　わが国企業の企業統治システム…………………10
　　3　わが国の企業統治改革に関する規制の歴史……12

Chapter II　企業活動と企業統治－その主体を中心に－………19
1　はじめに………………………………………………19
2　企業活動の構成とその主体…………………………20
　　1　企業活動の構成……………………………………20
　　2　企業活動の主体……………………………………21

3　企業支配 …………………………………………… 23
　　4　企業支配の主体 …………………………………… 24
　　5　現代企業の企業統治の主体 ……………………… 25

Chapter Ⅲ　企業統治と取締役会－東アジアを中心に－ ……………………………………… 31

1　日本の企業統治と取締役会 ……………………………… 31
　　1　日本における企業観 ………………………………32
　　2　取締役会の役割 ……………………………………34
　　3　株式会社の機関設計 ………………………………35
　　4　取締役会設置会社 …………………………………38
　　5　企業統治における取締役会の役割 ………………42
　　6　企業統治と取締役会の今後 ………………………44
2　中国の企業統治と取締役会 ……………………………… 48
　　1　中国の企業統治と取締役会 ………………………48
　　2　中国の企業統治と従業員関係 ……………………62
3　韓国の企業統治と取締役会 ……………………………… 77
　　1　はじめに ……………………………………………77
　　2　韓国の会社機関の制度的構造と問題 ……………77
　　3　韓国の会社機関構造の変化 ………………………80
　　4　むすび ………………………………………………88

Chapter Ⅳ　社外取締役・独立取締役をめぐる諸問題 ……………………………………… 91

1　はじめに ……………………………………………………… 91
2　外部取締役(社外取締役および独立取締役)導入の傾向 …… 92
　　1　取締役会構成における独立化の傾向 ……………93

2　投資家からの評価 …………………………………… 94
　3　企業統治における取締役会の構成をめぐる諸問題 ………… 95
　4　企業統治システムが機能するために …………………… 96
　5　おわりに …………………………………………… 97

Chapter V　企業統治と監査・内部統制 …………… 101

　1　はじめに …………………………………………… 101
　2　企業統治と内部統制 ………………………………… 101
　　1　内部統制の展開 ……………………………………… 102
　　2　企業統治の展開 ……………………………………… 103
　　3　内部統制と企業統治の諸関係性 ……………………… 104
　3　内部統制と監査 …………………………………… 105
　　1　内部統制システム …………………………………… 106
　　2　内部統制監査（有効性評価）………………………… 108
　　3　全社的統制の有効性評価 …………………………… 109
　4　現状と課題 ………………………………………… 114

Chapter VI　非営利企業の企業統治 ………………… 117

　1　非営利企業とは何か ………………………………… 117
　2　非営利企業の企業統治論の難しさ ………………… 119
　　1　エージェンシー理論 ………………………………… 119
　　2　所有権理論 …………………………………………… 120
　　3　ミッション策定と成果測定の困難さ ………………… 121
　3　日本における非営利企業の企業統治構造 ………… 121
　　1　非営利企業を取り巻くステークホルダー …………… 121
　　2　非営利企業の企業統治のフレームワーク …………… 122
　　3　非営利企業の企業統治構造の概観 …………………… 123

	4	非営利企業の企業統治の国際比較 …………………………	125

4　非営利企業の企業統治をめぐる研究課題 ……………… 127
1	社会的企業に関連する問題 ………………………………	127
2	中小規模非営利企業の問題 ………………………………	128

Chapter Ⅶ　補論：企業統治における消費者の権益 ……………………………………………… 131

はじめに－問題の所在 ……………………………………… 131
1	消費者権益優先の認識と行動 ……………………………	132
2	法的規制からみた消費者の権益 …………………………	133
3	企業における消費者・顧客関係担当の組織 ……………	135
4	消費者・顧客重視の経営理念・経営方針 ………………	139
5	取締役会の構成と執行システム …………………………	140
6	結語－課題と展望 …………………………………………	142

索　　引 ……………………………………………………… 145

企業統治論
－東アジアを中心に－

Chapter I　企業統治とは何か

1　企業統治の意味

　企業統治という用語がわが国ではコーポレート・ガバナンス（corporate governance）の訳語として用いられるようになってから20数年が経過している。この間に企業統治に関する数多くの著書，論文，報告書などが出版されているが，企業統治をどのように定義するかということになると，いくつかの説に分かれている。その中には，株式会社の場合，株主は委託者（プリンシパル）であり，経営者は株主の代理人（エージェント）であって株主の利益に反しないように経営者が行動しているかを監視するシステムであるとするエージェンシー（agency）理論がある[1]。これに対して企業の利害関係者（ステイクホルダー）である株主，従業員，顧客，地域社会，取引企業などステイクホルダー全体等の利益を重視し，それらの利害調整をはかる企業統治（ステイクホルダーガバナンス）などの見解もみられる[2]。企業統治を狭義に理解すると経営者の経営執行活動を監視する機能およびシステムであるということができる。企業統治を広義に理解すると企業がステイクホルダーの要求や期待に対応して適正な決定と執行活動が行われるように経営者，組織構成員をコントロールする機能およびシステムであると考えることができる。この場合，「適正な」という用語には二つの基準が含まれており，一つは公正性（社会性，倫理生，適法性を含む）という基準であり，もう一つは効率性という基準である。また「コントロール」という用語にも，二つの意味が含まれており，一つは特定の機関または組織が決定者や執行者を監視するという意味ともう一つは決定者や執行者がみずから自律的に自己規制を行うという意味も含まれている。多発している企業の不祥事は企業の経営者および組織構成員の反社会的，反倫理的で違法な行

動の結果生じたものであるから，不祥事を防止するためには経営者および組織構成員がそのような行動をとらないように規制するシステムが必要となる。また企業の業績不振，倒産の危険を回避するためには経営者の行動を効率性という視点から監視することが必要となる。このような公正性および効率性という意思決定（選択，判断）および業務執行の基準，すなわち価値前提は，企業行動基準，または経営倫理綱領として企業内において成文化し制度化しておくことが必要である。経営者をはじめ企業組織の構成員が行う意思決定の価値前提を明示しておくことは経営者および組織構成員の意思決定と行動の適正化のための条件の一つであると考えられる。またこの成文化，制度化された価値前提は，経営者および組織の構成員に対する監視ないしはモニタリングの基準となるものである。

❷　企業統治への組織的対応

1　組織再編成への動因

わが国の企業に対する企業統治の見直しの要請は，企業の立場にとっては組織再編成への動因でありインパクトであるが，その主なものをあげると次のとおりである。①日本経済団体連合会は企業行動憲章を策定し企業が制定すべき行動規範を提示しており，さらに2002年10月にはより厳しい内容に改めている。②証券取引所による上場企業に対する企業統治関連の規制がある。例えば最近では東京証券取引所が2009年12月に上場会社に対して1名以上の独立役員の確保を求める措置を発表，2014年2月には上場会社に対して社外取締役の選任を求める措置を発表しており，上場企業はこれに対応しなければならない。③政府レベルにおいては金融庁・証券取引等監視委員会などによる監視および企業統治に関する法改正が行われており監査役設置会社に関する商法改正（2001年），続いて委員会等設置会社を規定した商法改正（2002年）が行われており，会社法（2006年）が日本の企業統治の制度的な枠組みを規定している。企業統治の見直しないし改革に関しては，このほか国際的な投資活動を展開している機関

投資家による独自の方針の公表，主要国の証券取引所による上場企業に対する企業統治の規制があり[3]，またOECDなどの国際機関による企業統治の方針，原則の公表などが行われており，これらはわが国をはじめ各国の企業統治の見直しに大きな影響を与えてきている。

2 企業組織の再編成と問題

各企業においては，前記の企業統治の見直しを要請するインパクトを受けて企業統治に関連する組織の再編成が行われてきた。その主なものをとりあげると，①企業行動規範，経営倫理に関する綱領，ＣＳＲに関する指針などの制定，②社外取締役，独立取締役の導入，取締役と執行役の分離など取締役会構成の改革，③内部統制システムの編成，2006年5月施行の会社法により大会社（資本金5億円以上または負債総額200億円以上）における取締役（取締役会）の内部統制システムの構築義務が明文化されている。④監査室，監査部の編成，強化，⑤法務部，コンプライアンス関係部門の編成，⑥内部告発窓口，倫理委員会などの設置，⑦ＣＳＲセンター，ＣＳＲ関連組織の設置など，がある。

企業統治に関連する企業内の組織はいずれも本社に所属し，本社組織を構成していることに注意したい。日本企業の本社組織に関する最近の調査によると次のような状況を指摘することができる[4]。①この調査によると過去3年間「本社要員の増減はない」と答えた企業が回答企業の中で最も多い（53.5%）が増減については「本社要員が減少した」と回答した企業（15.8%）より「本社要員が増加した」と回答した企業（30.7%）の方が2倍近く多いことが示されており注目される。②本社要員の増加の要因については，多くの企業がコンプライアンス，リスクマネジメント，ＣＳＲ，などに対するために本社要員を増加したと回答している。また本社組織の機能と権限のうちどのような機能，権限を強化すべきかについては，戦略策定，内部統制，ＣＳＲ，法務など，があげられており，一方，本社組織の機能と権限のうち他の部門に委譲すべき機能，権限としては福利厚生，購買，研究開発などがあげられている。この調査結果が示唆していることは，本社組織が内部統制，ＣＳＲ，法務など企業統治

の機能強化のために本社要員の増加傾向を示していることである。問題は企業統治組織の人員を増加させ本社の肥大化傾向を生じているのではないか。この点についてコーポレート・ガバナンスはハード面（制度づくり）に力を注ぐのではなく，ソフト面すなわち経営者，組織構成員の自己統治，自己規制力の強化に力を注ぐべきであるという意見があり[5]，これは企業統治関連組織の制度づくりによる本社組織肥大化傾向に対する警告として注目したい。

③　企業統治問題提起の背景

　企業の経営活動に対する監視機能が有効に働くシステムをどのように設計するかは経営の最も重要な課題の一つであり，これは企業統治の問題にほかならない。ここではこの企業統治の問題が最重要な経営問題として提起されてきた背景にはどのような事情があるのかを考えてみることにしたい。企業統治の問題が提起されてきた背景には，各国においてそれぞれ解決をせまられている問題があり，それらの問題解決の方法が模索されそれぞれの国の企業統治システムが形成されてきている。ここでは①イギリス，②アメリカ，③日本における問題状況を観察するが，イギリスでは大企業の倒産，不正会計による倒産を契機に，企業が倒産にいたる前段階で，企業の監査人，大株主，取締役会，取引銀行などが企業経営の実態，経営者の行動を監視できなかったのかという視点から企業統治の問題が提起されている。これに対してアメリカでは，企業に巨額の投資を行っている年金基金などの機関投資家の立場から企業の業績不振，不正会計，倒産などを防止するために経営者をどのように監視するかという問題が提起されており，社外取締役，および独立取締役の役割を重視したガバナンスの体制が構築されてきている。一方，日本においては，大企業における不正会計（粉飾決算）の多発と総会屋への利益供与問題が多発し，これらの問題解決の一つとして会社制度上，監査役制度の改革，委員会設置会社の制度化などが行われ，一方，各企業内でも企業統治関連の施策がとられてきている。しかし，依然として企業の不祥事は続発しており，企業統治の施策の有効性が問

われている。

次節でイギリスの場合からみることにしよう。

1　イギリスの企業統治問題の背景

イギリスおいて企業統治問題が提起されてきた背景には大企業の倒産が増加し，これに関連してなぜ倒産を防止できなかったのか，取締役会，大株主，取引銀行は経営者の執行活動に対する監視，監督機能を発揮しているのかといった問題が提起されていた。企業統治の問題がとりあげられるときに企業倒産に関連して提起されているのがイギリスの特徴であるといってよい。とりわけマックスウェル（Maxwell）社の倒産（1991年）のケースは企業統治の問題提起の契機となった。1992年4月28日に開催された英国取締役協会の年次大会でのイングランド銀行総裁の講演は企業統治を主題とするもので，マックスウェル社の倒産のケースをとりあげ，監査人，取締役会，金融機関の役割を重視しつつも，問題解決の方向として，会計基準，監査，企業統治システムの指針の検討を進めるべきであると指摘していた[6]。ロンドン証券取引所には「コーポレート・ガバナンスの財務面に関する委員会」（委員長A. キャドバリー卿）が設置され，1992年にキャドバリー報告が公表されている。このキャドバリー報告は非執行取締役（non executive directors）の役割を重視し，非執行取締役の大部分は執行責任者から真に独立していること，取締役会の中に監査委員会，報酬委員会を設置すべきであり監査委員会は全員が非執行取締役で構成されていること，報酬委員会は過半数が非執行取締役で構成されるべきであり，経営執行責任者と取締役会長とは分離すべきこと，などが提案された。これらの提案はその後のイギリスをはじめ，世界各国の企業統治システムの再構築の方向に少なからざる影響を与えている。

2　アメリカの問題状況

アメリカにおいて企業統治の問題が提起されてきた背景には巨額の資産を保有する年金基金などの機関投資家が投資先企業の経営者をどのように監視し，

評価するか，企業の業績を悪化させたり，問題の多い経営を行う経営者にどのように対処するかという問題があった。したがって経営の執行責任者に対する監視機能を強化するという観点からアメリカの企業統治改革は進められてきた。アメリカの企業統治改革の中心には，①独立の社外取締役が監視機能を担当しており，この場合の独立性の保持，および独立取締役の機能の有効性，②取締役会のなかに設置されている監査委員会，報酬委員会，指名委員会の機能が効果的に発揮されているか，③外部監査を担当する会計士の機能発揮および独立性を妨げる要因はなにか，などが議論されてきた。とりわけエンロン（Enron）社の破綻（2001年）を契機に同社の会計処理の不正を事前にチェックできなかったのはなぜか。またアメリカの企業統治を特徴づける社外取締役がエンロン社に多数いたにもかかわらず社外取締役による監視が機能していなかったのはなぜか，といった問題が提起された。アメリカの企業統治の特徴の一つは上場企業の場合，一般に取締役会の過半数が社外取締役で占められ，これらの社外取締役は会社の執行責任者とは利害関係を持たないで執行活動を監視することができると考えられていた。問題は社外取締役（outside directors）という場合，取締役就任前に当該企業に勤務したことがないという意味であって，エンロン社の社外取締役は，この意味の社外取締役ではあるが，エンロン社といろいろな局面で利害関係を有する者で占められていた。このような状況からみて，サーベンズ・オクスリー法（Sarbanes Oxley Act 2002）では独立取締役の要件を規定するとともに，その導入を上場会社に義務づけ，独立取締役を企業統治の重要な役割の担当者として規定することになった。

3 日本における問題提起

日本において企業統治の問題が提起されてきた背景には1980年代に企業の不正会計（粉飾決算）および総会屋に対する利益供与のケースが多発し，経営の執行活動における不正，反倫理的行動に対する監視機能を強化するために，企業統治の改革を意図して2001年に監査役会設置会社に関する商法改正が行われた。つづいて2002年にはアメリカ型の委員会設置会社を規定した商法改正が行

われ，2006年5月に新会社法が施行された。企業レベルでの企業統治の改革が進み，会社法の制定，施行によってわが国の企業統治の制度的な枠組みはほぼ固まってきたといってよい。しかし，その一方において，企業の反倫理的な行動および違法行為は依然として続発しており2013年においても大手のホテル，百貨店における食品，食材の虚偽表示問題が続発し，みずほ銀行による反社会的組織への融資問題が表面化している。もともと企業統治改革の目的の一つは，この種の不祥事に対する抑止機能を確立することにあるといわれているだけに不祥事の多発に対してガバナンスの機能ないし有効性を問う議論が提起されており，それはむしろ当然のことといえよう。

　問題は，企業が会社法等の法規制に対応して会社の機関の構成を再編成し，また企業統治に関連する組織に人員を選任，配置したというだけで企業統治の機能が発揮されるわけではないということである。

　近年，問題となった保険会社の保険金不払い問題に対する金融庁の行政処分の内容や原因について学会報告があり，その報告によると金融庁の処分対象となった保険会社はいずれも日本有数の大手企業であること，さらに内部統制組織がこれらの企業に編成されているにもかかわらずそれが機能していなかったという指摘に注目したい[7]。企業行動の主体である経営者，管理者，従業員の意識と組織的努力が企業の策定した行動指針，倫理綱領にもとづいて形成され適切な意思決定と行動が自己規制力をベースに展開されていくことが期待されている。

4　企業統治改革の現状とその歴史

1　はじめに－近年の企業統治改革に関するわが国の動向－

　近年わが国では企業統治改革について，会社法の改正を軸にさまざまな議論が活発に行われている。

　わが国の会社法は，これまで複数の法律に散在していた規律を体系的に見直し，2006（平成18）年から単行法として施行してきた。近時の同法に関する改

正の議論は，施行から一定期間が経過し実務に定着したが，「経営者から影響を受けない外部者による経営の監督の必要性や監査役の機能強化等，経営者である取締役の業務執行に対する監督・監査の在り方を見直すべきではないか」，という企業統治のあり方を問い直す必要性から2010（平成22）年2月24日の法制審議会第162回会議において改正が提議され，法務大臣諮問第91号として継続的に議論されてきたものであった[8]。

今回，法制審議会の議論では主な論点であった社外取締役の義務化はいったん見送られたが，わが国における取締役の外部化および独立化の議論は現在も場所を移して引き続き検討が重ねられている。例えば，2013（平成25）年11月29日に国会に提出された「会社法の一部を改正する法律案」の中では，社外取締役が過半数を占める監査等委員が取締役の監査等を行う「監査等委員会設置会社」制度が盛り込まれているほか[9]，安倍晋三内閣の「日本経済再生本部」では，「成長戦略の当面の実行方針」（2013（平成25）年10月1日）の中で「少なくとも一人以上の社外取締役の確保」を目指していることが明らかにされている[10]。つまり，近年のわが国の企業統治改革の議論では，取締役会に外部の人材（外部取締役）を迎え入れることで企業統治（コーポレート・ガバナンス）が機能することが期待されているのである。

そこで以下からはまず，①わが国企業の企業統治とはどのようなシステムをとっているのか，という現状を明らかにした上で，つぎに，②そのようなシステムを構築するまでに，わが国ではどのような企業統治改革に関する規制が行われてきたのかということについて，その形成過程を歴史的に論述したい。

2 わが国企業の企業統治システム

企業統治システムは，一般的に一層式モデルと二層式モデルに大別できる。前者のシステムは取締役が業務執行を行いながら同時に取締役会でその監査も行うもので，主に英米型企業がこのシステムを採用している。それに対して後者のシステムは，まず株主総会で監査役が選ばれ，その監査役で構成する監査役会が経営者（取締役）を選・解任し，彼等の業務執行を適法性の側面から監

督することになっている。これは主にドイツ企業が採用しているシステムである。

それでは、わが国企業の場合は主にどちらのシステムを採用してきたであろうか。後述するようにわが国では、1899（明治32）年に商法を制定する際、ドイツ商法を参考とした経緯があったため、2002（平成14）年に委員会等設置会社（現行法では「委員会設置会社」という）が大会社（資本金5億円以上または負債の合計額が200億円以上である会社）で選択的に導入されるまでは、ドイツ企業のように監査役を導入するのが原則となっていた（現行法における「監査役会設置会社」）。したがって上記の分類法では、わが国企業の企業統治システムは二層式モデルに分類されよう。

しかし、この監査役制度はドイツの二層式モデルと同じシステムではない。なぜなら、わが国の場合は監査役は株主総会で選ばれるが、取締役も株主総会で選ばれるからである。したがって、監査役に取締役の選・解任権はない。また、わが国企業の場合、監査役は取締役会への出席権はあるが、会議での議決権がない点もドイツとは異なっている。これらは企業統治システムを国際比較する上で重要な違いである。

つまり、ここで改めてドイツとわが国企業の取締役と監査役の関係を整理すると、ドイツの企業では監査役（最高意思決定機関である株主総会で選任）が業務執行を担当する取締役を選・解任することで企業統治を果たそうとする二層式モデル（監査役と取締役は垂直的な関係）であるのに対し、わが国の場合は監査役に取締役の選・解任権がなく、ともに株主総会（最高意思決定機関）で選ばれた者が監査役（会）と取締役会を構成し、業務執行担当である経営者（取締役）について企業統治を行うという二層式モデル（監査役と取締役は並列的な関係）を構築している。そのためわが国企業の企業統治システムは、監査役（会）と取締役会による経営者の二重監督体制となっている。

なお、このようなわが国企業の企業統治システムは海外の投資家からは一般的に複雑ととらえられており、理解を得る上での障害になっているといわれている[11]。また、このようにわが国企業の伝統的な企業統治システムが海外か

ら理解されないことが、昨今の日本企業の企業統治改革における取締役会の外部化および独立化意見の背景ともなっている。取締役会の外部化および独立化については、Ⅳ章で論述する。

3　わが国の企業統治改革に関する規制の歴史

それでは、これまで述べてきたような企業統治システムが現在のような形に至るまでにはどのような歴史を経てきたのであろうか。そこで、以下からはわが国における企業統治改革の主な歴史について、監査役および取締役を比較しながら見ていく。

(1)　ドイツ商法を規範とする

既に述べたようにわが国の商法はドイツ商法を模範として制定されている。しかし、これ以前にも現在では旧商法と呼ばれるものがわが国には存在した。この旧商法の原案を起草したのはドイツ・ロストック大学のヘルマン・ロエスレルである。彼によって、1884（明治17）年に作成された旧商法の草案では、取締役、監査役、そして株主総会を株式会社の機関とした。

ロエスレル草案（1884年）のもとになったのはドイツ普通法典（1861年）である。この法典は1870年に改正され、（ドイツの）株式会社の設立主義が認可主義から準則主義となった。つまりこの改正によって監査役（会）は、国家による監督の代替機能を期待される機関となったのである[12]。

わが国の旧商法は1890（明治23）年に公布され、1899（明治32）年に現在の商法に移行するが、第二次世界大戦前におけるわが国の株式会社の機関は基本的に上記のロエスレル草案に基づいていた[13]。

(2)　英米法の影響－取締役会制度の導入－

第二次世界大戦後、わが国は英米法の影響を受けることになった。ここで特筆すべきは1950（昭和25）年の商法改正によってわが国ではじめて一層式モデルの中核をなす取締役会制度を導入したことである。これによって監査役の権

限から業務監査権限が奪われ，会計監査に限定されることになった。

(3) 監査役制度の復権

ところが，その後の日本企業の不祥事への対応は，取締役会制度の強化よりもいったん縮小した監査役の権限の拡大という方向で進む。1950（昭和25）年の商法改正で一度剥奪された監査役の業務監査権限も1974（昭和49）年の同法改正で復活する。

反対に取締役会制度は，1975（昭和50）年の法務省民事局参事官室による「会社法改正に関する問題点」でその立法提案の内容に取締役会機能の強化が盛り込まれたが，経済界からの反対で議論を断念した。

さらに取締役会制度については，1989（平成元）年の日米構造協議において東京証券取引所や大阪証券取引所の上場基準で社外取締役の義務付けが求められ，また，1991（平成3）年に起こった証券・金融不祥事では，金融制度調査会等から社外役員（社外取締役や社外監査役）を入れて企業統治機能を向上すべきではないかという意見が出されたが，これらも経済界からの強い反対意見を受けて義務付けという考えは消滅した。

一方の監査役は，1993（平成5）年の商法改正で社外監査役の義務付けが実現した。わが国では1997（平成9）年に大型利益供与事件が起こっているが，その際も取締役会ではなく，上記の平成5年改正で導入した社外監査役制度の強化という方向で2001（平成13）年にさらなる商法改正が行われた。

(4) 社外取締役の選択的導入

このような中，わが国企業の取締役会の構成に大きな影響を与えたのが2002（平成14）年の商法改正である。この改正によって委員会等設置会社制度（当時）が導入され，取締役会にはじめて社外取締役の義務化が実現した。

しかし，この義務化は大会社を対象としたもので（現行の会社法では大会社でなくとも委員会設置会社の選択は可能である），しかも，強制ではなく監査役会設置会社制度との選択制というかたちをとった。結局，大多数の日本企業が監査

役会設置会社に移行し，経済界からはこれまでのような強い反対意見は出されなかった。

その後は，2006（平成18）年に会社法と2007（平成19）年に金融商品取引法（Ｊ－ＳＯＸ法）がそれぞれ施行されている。前者はこれまでの商法改正の流れを継承し，散在していた企業統治のフレームワークを整理する役割を果たしており，後者のＪ－ＳＯＸ法は，内部統制の確保というアプローチから企業統治を経営者に求めている。

(5) 企業統治に関する近年の動向

近年わが国では，法的レベルとは異なるが，企業統治改革上の注目すべき出来事として，2009（平成21）年に東京証券取引所が一般株主保護を目的として上場企業に１名以上の独立役員を確保するよう，上場規程の変更（制度的レベルでの変更）を行ったことがあげられる[14]。

これに対して法的レベルでは，本章第４節のはじめに述べたように会社法改正の議論（法制審議会）の中で，2011（平成23）年に試案（「会社法制の見直しに関する中間試案」）が出され，一定要件を満たす企業への社外取締役の義務付け等が議論されたが，このような義務付けに対しては既に見たように今回も経済界からの強い反対意見があり実現に至らなかった。

しかし，ここでの義務化は見送られたが，今後もこの議論はしばらく法的・制度的レベルにおいて取締役会の外部化および独立化という方向で検討されるであろう。なぜなら，これらに関連する具体的動向として，日本経済再生本部の成長戦略のプラン（2013年）の中では「一人以上の社外取締役の確保」が謳われており，また，わが国ではこれまで企業統治システムとして監査役会設置会社または委員会設置会社の選択制という方法をとってきたが，これらに加え新たな第三の方法として監査等委員会設置会社（委員会設置会社とは別の方法で社外取締役の役割に期待するシステム）の導入が検討されているからである。

Chapter I 企業統治とは何か

図表 I − 1　わが国の企業統治改革に関する主な規制の歴史

時　代	主　な　内　容
1899(明治32)年商法の公布	現行商法の誕生
1950(昭和25)年商法改正	取締役会制度の導入と監査役の権限の縮小(業務監査権限の喪失)
1974(昭和49)年商法改正	監査役に業務監査権限が復活
1975(昭和50)年	法務省民事局参事官室が「会社法改正に関する問題点」ではじめて立法提案(取締役会機能の強化を目的)を行う。 →経済界からの反対意見で断念する。
1989(平成元)年, 1991(平成3)年	(1)日米構造協議：東証や大証の上場規程で社外取締役の義務付けが求められる。 (2)証券・金融不祥事：金融制度調査会等で社外役員を入れてガバナンスを向上すべきという議論がなされる。 →(1)(2)とも経済界から反対意見があり、社外取締役の義務付けという案は消滅する。
1993(平成5)年商法改正	社外監査役の義務付け
2001(平成13)年商法改正	平成9年の利益供与事件により社外監査役制度を強化
2002(平成14)年商法改正	委員会等設置会社制度の導入【選択制】 社外取締役を委員会の過半数とすべきことを義務付ける。 →選択制としたため、経済界からは強い反対意見は出ず。
2006(平成18)年会社法施行	商法改正を継承し、コーポレート・ガバナンスのフレームワークを整理
2009(平成21)年東証上場規程改正	一般株主保護のため、上場内国株券の発行者に対して1名以上の独立役員の確保を求める。
2011(平成23)年	法務省法制審議会が、「中間試案」を示す。 →経済界からの反対意見で社外取締役の義務化は断念する。
2014(平成26)年東証上場規程改正	上場会社に対して1名以上の社外取締役の選任を求める。
その後	「監査等委員会設置会社」導入の検討など

出所：黒沼　他 (2012), 清水湛 (1975), 加護野　他 (2010), 高橋 (2013) 等をもとに作成。

〔注〕
1) エージェンシー理論の研究にはジェンセンらの研究がある（Jensen, M. C. and W. H. Meckling, Theory of The Firm：Managerial Behavior, Agency Costs and Ownership Structure, *Journal of Financial Economics*, 3：305-360. 1976. なお，エージェンシ理論によるコーポレート・ガバナンス分析には次がある-菊澤研宗，『比較コーポレート・ガバナンス論-組織の経済学アプローチ-』有斐閣，2004。
2) 平田光弘氏は次のように説明している。「経営者は，利害関係者の影響力の調和をはかりながら企業価値の向上を目指して経営しているかどうかを企業の内外に，利害関係の観点から監視・監督する仕組みを作り，それを監視・監督するのがコーポレート・ガバナンスであるということになる」（飫冨順久・辛島睦・小林和子・柴垣和夫・出見世信夫・平田光弘著『コーポレート・ガバナンスとＣＳＲ，2006，中央経済社，18ページ）。
3) 例えば，サーベンズ・オクスリー法の制定（2002年）後，ニューヨーク証券取引所の上場企業に対するガバナンス関係の規則には次のようなものが含まれている。-上場会社の取締役会を構成する取締役はその過半数が独立取締役でなければならない。この場合，独立取締役とは当該会社のパートナー，株主，当該会社と関係を有する組織の役員など，直接・間接に当該会社と利害関係を有する者でない者（菊池敏夫・平田光弘・厚東偉介編著『企業の責任・統治・再生-国際比較の視点-』文眞堂，2008年，76～77ページ）。
4) 「貴社の本社組織について過去３年間に，どのような変化がありましたか」の設問に対する回答

回　　答	合計101社(%)	大企業48社(%)	中堅企業53社(%)
①本社要員が減少した	16 (15.8%)	9 (18.7%)	7 (13.2%)
②本社要員が増加した	31 (30.7%)	18 (37.5%)	13 (24.5%)
③本社要員の増減はない	54 (53.5%)	21 (43.8%)	33 (62.3%)

中央学院大学大学院プロジェクト・コーポレート・ガバナンス研究委員会，『わが国コーポレート・ガバナンスと経営慣行の特質-アンケート調査の報告と分析-』2010年３月，57ページ。
5) 平田光弘『経営者自己統治論』中央経済社，2008年５月，364ページ。
6) Bank of England, *Bank of England Quarterly Bulletin*, May, 1992. pp. 210-213。
7) 島田公一，保険会社の金融庁処分例にみる内部統制構築上の課題，News Letter, 54号，経営行動研究学会，2007年１月号。
8) 法務省：「法制審議会第162回議事録」31～32ページ。
http://www.moj.go.jp/content/000036301.pdf.
9) 法務省：「会社法の一部を改正する法律案」１～７ページ。
http://www.moj.go.jp/content/000116473.pdf.

10) 首相官邸:「成長戦略の当面の実行方針」3ページ。
    http://www.kantei.go.jp/jp/singi/keizaisaisei/pdf/housin_honbun_131001.pdf.
11) 阿部泰久 他(2013)「シンポジウム監査役制度の正しい理解のために『各界から見た日本のコーポレート・ガバナンスと監査役制度』」月刊監査役No.613, 石田発言, 15ページ。
12) 高橋英治(2013)「日本におけるコーポレート・ガバナンス改革の歴史と課題－現在行われている会社法改正を中心として－」商事法務No.1997, 4～5ページ。
13) 高橋英治(2013), 同稿, 5ページ。
14) 東京証券取引所[「上場制度整備の実行計画2009(速やかに実施する事項)」に基づく業務規程等の一部改定について]2009年12月22日, 1ページ。

＜参考文献＞
・海道ノブチカ・風間信隆共著『コーポレート・ガバナンスと経営学』2009年, ミネルヴァ書房。
・加護野忠男・砂川伸幸・吉村典久『コーポレート・ガバナンスの経営学 企業統治の新しいパラダイム』2010年, 有斐閣。
・菊澤研宗『比較コーポレート・ガバナンス論－組織の経済学アプローチ』2004年, 有斐閣。
・菊池敏夫・平田光弘編著『企業統治の国際比較』2000年, 文眞堂。
・平田光弘『経営者自己統治論』2008年, 中央経済社。
・阿部泰久・石田猛行・神作裕之 他(2013)「シンポジウム監査役制度の正しい理解のために『各界から見た日本のコーポレート・ガバナンスと監査役制度』」月刊監査役No.613, 4～32ページ。
・磯伸彦(2013)「最高経営組織の構成に関する歴史的考察－取締役会構成を中心として－」『2013年経営行動年報 第22号』経営行動研究学会, 42～49ページ。
・黒沼悦郎・松井秀征・永池正孝 他(2012)「企業統治における独立役員・社外役員の意義と役割(上)」商事法務No.1965, 6～24ページ。
・清水湛(1975)「会社法改正に関する意見照会について」商事法務No.704, 25ページ。
・高橋英治(2013)「日本におけるコーポレート・ガバナンス改革の歴史と課題－現在行われている会社法改正を中心として－」商事法務No.1997, 4～17ページ。

Chapter II　企業活動と企業統治
－その主体を中心に－

1　はじめに

　企業統治（corporate governance）とは，「企業の経営目的を達成するために企業活動の主体が行う企業活動，とりわけ経営（management）活動を監視・統治するシステム」であり，誰がどのような判断基準をもって「企業活動主体の行う企業活動（経営活動）」が適切であるか否かを監視・統治する問題を指す。すなわち，企業活動を誰が監視・統治するかという企業統治の主体[1]の問題が，企業統治の性質を左右する問題であり，まさに企業統治論の核心である。

　企業統治の性質は企業統治の主体によって決定されるということに注目し，企業統治の主体である統治する者とその客体である統治される者を明らかにするためには，企業活動の主体を明らかにする必要がある。なぜならば，企業統治を「企業の経営目的を達成するために企業活動の主体が行う企業活動，とりわけ経営活動を監視・統治するシステム」であるとするならば，企業活動の主体が行う企業活動の基本的な性格を把握しなければならないからである。企業活動の基本的な性格は，企業活動の主体が達成しようとする経営目的によって根底的に決定されるため，企業活動の主体とその主体の経営目的を明らかにする必要がある[2]。

　したがって，本章では，企業活動および企業統治のその主体を明らかにすることによって企業統治の性質を理解することを目的としたい。第1に，現代の株式会社の企業活動の主体，第2に，企業支配の意味，第3に，企業支配の主体を明らかにし，第4に，現代企業は企業統治の主体として，どのような主体によって統治されているかを検討し明らかにしたい。

2　企業活動の構成とその主体
1　企業活動の構成

　企業活動は，商品・サービスの生産・流通などを直接に遂行する活動である「作業（operation）活動」と作業活動の遂行を事前に計画するとともに作業活動がこの計画にもとづいて遂行されるように統制する活動である「管理（management）活動」に分化される。
　この作業活動と管理活動は，本来，株主がすべて担当するものであるが，企業の規模の巨大化や企業がもつ機能の複雑化が進むにつれて企業活動が垂直的に分化されることによって作業活動と管理活動に分化され，作業活動は作業者が管理活動は管理者が行うことになる。
　また，管理活動も企業の大規模化・管理活動の複雑化に伴い，管理活動の垂直的分化をもたらし，最高管理活動と中間管理活動に分化された。管理活動は，最高管理（top management）活動と中間管理（middle management）活動から構成される。
　最高管理活動は，「経営」活動と呼ばれ，企業の最高方針や基本方針を決定する意思決定を中心とする管理活動であり，「経営者」が担当し，中間管理活動は，決定された企業の最高管理活動を執行し，その執行を監督し，統制する執行的管理活動であり，「中間管理者」が担当する。資本の所有者・株主が，最高管理活動のみを担当する場合，かれは「経営者」であり，「企業家」（entrepreneur）とも呼ばれる。すなわち，経営者（資本所有者・株主）は最高管理活動のみを担当する。
　経営の最高管理職能を直接に担当するものを一般に経営者と呼び，経営者には，株主である経営者と株主ではない経営者に分けることができ，株主ではない経営者が固有の意味においての経営者，いわゆる「専門経営者」，「被用経営者」（employed manager）となる[3]。つまり，企業活動は，管理活動と作業活動から構成され，管理活動は，最高管理活動と中間管理活動に分けられ，経営活

動と呼ばれる最高管理活動の決定によって中間管理活動が行われ，中間管理活動によって作業活動が行われる。すなわち，企業活動は，経営活動である最高管理活動によって決定されるため，企業活動は，経営活動であると言っても過言ではない。したがって，本章では，企業活動と経営活動の厳密な区別はせず，経営活動を企業活動と同様の意味としてとらえることにする。

2　企業活動の主体

　企業の規模が大きくなり，管理活動も複雑になり，経営者一人ですべての管理活動を担当することが困難になると，最高管理活動は垂直的に分化し，最高管理活動は，事業の創設，変更，拡張などに関連する臨時的な意思決定活動である「組成」活動[4] (entrepreneurial function) と組成活動の前提として経常的な意思決定活動である「処理」(managerial function) 活動に分けられるようになり，株主である企業家が組成活動に従事し，処理活動は株主ではない専門経営者 (professional manager) に担当させるようになる。組成活動には，広い意味で経営者の人事権も含む。

　組成活動を担当する株主である企業家が経営者としての特別な知識や能力を持っていない場合は，そのような知識や能力を有している専門経営者を任命し，組成活動を専門経営者にほとんどを担当させ，自らは専門経営者の任免権（支配権）のみを有することによって間接的に組成活動に参加する「支配者」となる。

　すなわち，株式会社の株主がみずから取締役または代表取締役にはならず，株主総会で取締役または経営者を任免し，株主が支配者となる場合，間接管理の形態が現れる。

　このように支配権を持つ株主が「支配者」であることを所有者支配 (owner's control) と呼ぶ。この最高管理活動の担当者である経営者が，企業活動の主体である。企業活動の主体である経営者には，株主でありながら企業活動を直接あるいは間接に担当する経営参加的株主と株主ではない専門経営者とに大きく区別することができる[5]。つまり，企業活動の主体は，企業の最高管理活動と

図表Ⅱ-1 企業活動の垂直的分化および担当者

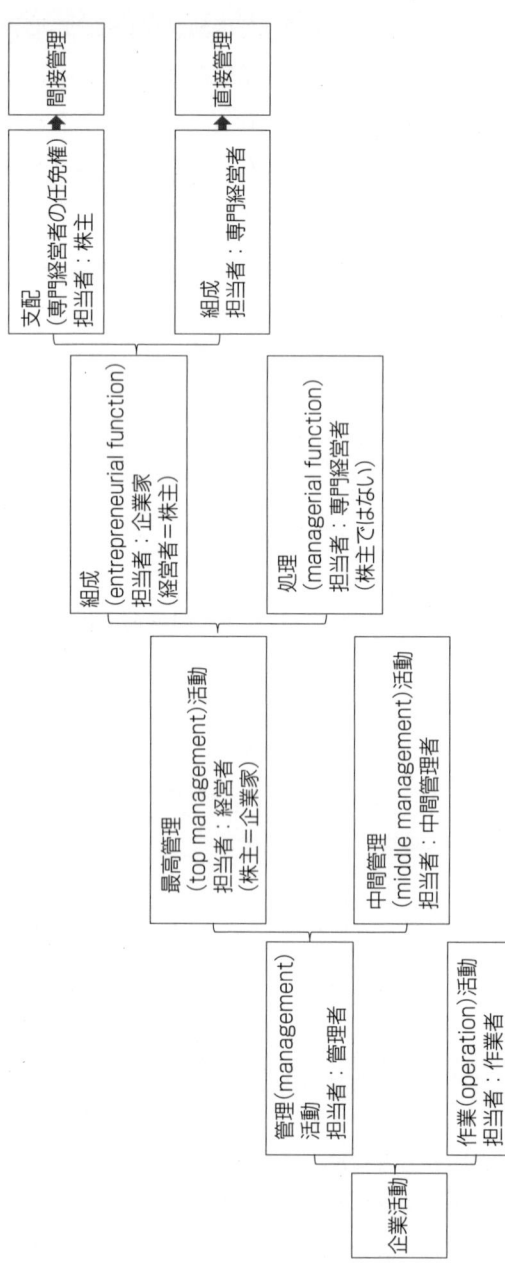

出所：藻利重隆（1984）35ページおよび村田和彦（2011）36-39ページを参考として筆者作成。

注：「企業者（entrepreneur）」とは、最高管理を直接に担当する出資者を意味する。藻利も村田も「企業者（entrepreneur）」と表記しているが、現在、アントレプレナー（entrepreneur）は、「企業家」と表記されることが一般的であるため、本章においても、「企業家」と表記することにする。

りわけ，組成活動に直接あるいは間接に参加している経営参加的株主と専門経営者である。

❸ 企業支配

このように専門経営者の任免権は，株主が有しており，経営参加的株主は，間接的に企業の最高管理活動に参加する「支配者」である。企業支配は，専門経営者の任免権を有している経営参加的株主によって行われ，株主支配・所有者支配に基づくとされる[6]。企業の大規模化に伴い，企業の出資者が多くなり，株式が広く分散されると，企業に出資しているものの企業の経営活動に関心を持たなく経営活動に参加しない出資者が現れ，このような出資者は，受動的出資者あるいは無機能出資者（non-functioning capitalist）と呼ばれる[7]。株主は株主総会にも出席せず（委任状出席），この状況を不在所有制（absentee ownership）という。

したがって，すべての株主が企業支配者になるのではなく，経営参加的株主のみが企業支配者となる。すなわち，企業を支配する主体は，専門経営者の任免権を持つ経営参加的株主である。

経営参加的株主によって任命された専門経営者は，経営参加的株主に雇用され，経営活動を任され，経営活動を直接的に担当するが，経営参加的株主の期待に応えない場合や経営参加的株主の意向に沿わない経営活動を行った場合は，経営参加の株主によって解雇されることになるため，専門経営者の経営活動は経営参加的株主の意向によって制約されており，経営活動は，専門経営者を通じて間接的に経営参加的株主が担当しているものといえる。これは，経営活動が経営参加的株主の意向に沿って行われており，経営活動を含む企業活動の担当者は経営参加的株主であり，経営参加的株主（機能資本家）は「企業活動の究極的主体」[8]でありながら，企業支配の主体であるということを意味する。

4 企業支配の主体

　企業活動に重要な影響を及ぼす企業支配の概念は，企業の所有と支配の分離を発見したBerle & Meansによって提起されている。彼らは，"The Modern Corporation and Private Property"（1932）において，株式会社の規模の拡大に伴って株式が広い範囲に分散し，所有と支配の分離が見られ，経営者支配（Management Control）が成立することから企業支配の概念を提起した。

　彼らは，「支配」を，「取締役会（過半数の取締役）を選出する法律的権限，あるいは取締役会を選出する実際の権限」，とくに，「取締役を選出する実際の権限」（the actual power to select the board of directors）として把握し，経営者が次期の取締役の選出を実際に行っているということを根拠に「経営者支配」を主張した。また，所有権が高度に広く分散され，会社の諸活動を支配するに充分な株式を所有する個人または集団が存在しなくなり，支配する権利を，委任状の収集を通して実質的に取締役を選出することができる経営者が有するようになったことによって経営者が企業を支配するという「経営者支配」が確立されると述べ，支配の形態を大株主の持株比率を基準に分類し，完全所有支配は持株比率が80％以上，過半数所有支配は50％〜80％，少数所有支配は20％〜50％，持株比率が20％に満たない場合は経営者支配であると設定した。以上のような分類に基づいて，彼らは，アメリカにおける200社の大企業に見られる所有と支配の分離の程度を調査し，支配の形態を分類している。この調査結果によると，アメリカの大企業200社のうち，44％が経営者支配の企業であるとされ，アメリカにおける諸大会社での株式所有権の分散が増大するに伴いこれらの諸会社の支配は，支配的所有者ではなく経営者であり，ほとんど所有権と関係なしに維持されていることが指摘された。その後，彼らと同じ分析手法で1963年に行ったラーナー（Larner, R. J）の調査結果においては，84.5％が経営者支配の企業に分類され，アメリカの大企業において経営者支配が進んでいることを明らかにしている。

さらに，バーリ＝ミーンズは，所有と支配が分離し，経営者支配が確立し，支配権を持たない所有者と所有権を持たない支配者との間に利害が対立すると指摘している。すなわち，法律上，法律的権利を持つ者として株主（所有者）と所有権を持たない経営者（支配者）との間に利害の対立が生じるのは，支配者の諸目的が私的利潤であると仮定した場合，支配者が会社を犠牲にして得る利益が，所有者の利益と対立することを指す。

彼ら以後，支配の概念に対してさまざまな規定が行われているが，企業支配の概念は大きく二つに分類することができる。「支配」を，第1に，管理（management）行為，意思決定（decision making）行為と理解するものと，第2に，「制約」（constraint），「経営者の任免」，「経営者の監督（monitoring）」と理解するものがあるが，村田和彦（2006）は，小松章，Scott，宮崎義一，Blairと同様，「支配」を，「管理」・「経営」・「意思決定」・「ビジネス・リーダーシップ」としてとらえるのではなく，これらの職能の担当者である経営者を「制約」する行為，とくに，「経営者の任免」として概念を規定している[9]。すなわち，企業の最高管理をみずから直接担当する行為，「直接管理」ではなくて，「直接管理者」としての「経営者をみずから任免することによって間接的に企業の管理を担当する」行為を「支配」の概念としている[10]。本章においても藻利重隆（1984），村田和彦（2006）に従って，「支配」を「経営者の任免」として定義する。すなわち，支配とは，経営者を任命（appointment）する，採用する，選出する権利と経営者を免職（dismissal）する，解雇する権利を有することと理解することができる。

5　現代企業の企業統治の主体

現代企業の所有・支配構造は，「所有者支配」と言ってもいくつかのタイプがある。例えば，現在多くの国や企業は分散的所有構造（widely held ownership）よりもむしろ集中的所有構造（concentrated ownership）を形成しており，支配株主（controlling shareholder）が存在すると言われている。例えば，

英米においては，支配株主が存在せず，株式が広く分散している分散的所有構造を成しており，バーリ＝ミーンズが指摘した持株比率が20％に満たない「経営者支配」型の統治タイプであるが，ヨーロッパ大陸や東アジア（日本を除く）においては，La Porta et al（1999）が提示した10％または20％以上を所有している支配株主が存在する集中的所有構造を形成しており，「ファミリー支配型」の統治のタイプが多く存在している[11]。ただし，英米のような支配株主が存在しない「経営者支配」型は，単独で10％ないし20％の株式を保有する支配株主は存在しないものの，複数の機関投資家による所有率が30～40％を占めており，株式の分散化が進む一方で，株式保有の非個人化が進み，複数の機関投資家による株式保有率が高いいわゆる「連合株主支配」を形成している企業も少なくないのが現状である。

このように現代企業は，企業の大規模化および株式の分散化が進み，企業の所有構造は，個人所有から非個人的所有へと変化している。企業の支配者とされる株主（支配権を有する機能資本家）は，個人株主から会社株主や機関株主へと非個人化し，しかも複数の非個人株主から構成される連合体が支配者となるケースが多くみられる。企業の所有構造の変化に伴い，支配者となる所有者の形態も変化し，支配の主体もいくつかのタイプが存在するものの，株主が株式所有者であることが明白である限り，「支配」は「所有」に基づくのである。

本章では，10％ないし20％以上の株式を所有するが支配株主が存在する場合を「所有支配」とし，支配株主が存在しない場合を「非所有支配」とする。

「所有支配」には，ファミリー支配の「個人支配」と事業会社と非事業会社のように個人ではなく法人によって支配されている「非個人支配」に区別する。さらに，「非個人支配」は，「事業会社」と「非事業会社」とに分け，単独で支配する場合と複数の会社で支配する場合に分けることができる。「所有支配」に属する支配タイプは，支配できるほどの株式を持っている「個人株主」，「単独の非個人株主」，または「複数の非個人株主からなる連合体」として支配株主になる場合である。

「非所有支配」には，出資者でもない専門経営者あるいは従業員によって支

配されている「経営者支配」と「従業員支配」に分けることができる。

支配株主が存在しない「非所有支配」においても，専門経営者の経営活動に制約をかける権限を有するのは，株主であり，その株主である支配者の了承がある場合のみ，経営者はその職に留まることができる。また，株式の所有者である株主の利益が侵害されるようになる場合は，株主によって株主総会および取締役会のような法的機関を活用して経営者の更迭を行うことができる。そのため，支配株主が存在しなくても企業支配の主体は，株主であると理解することができる。

したがって，現代企業の企業統治の主体は，いずれにしても株主であり，その株式の所有者のタイプによって，ファミリー支配，単独事業会社支配，複数事業会社支配，単独非事業会社支配，複数非事業会社支配，経営者支配，従業員支配に分けることができ，企業支配の主体および企業統治の主体が多様化していることを示唆する。

図表Ⅱ-2　企業支配および企業統治の主体のタイプ分け

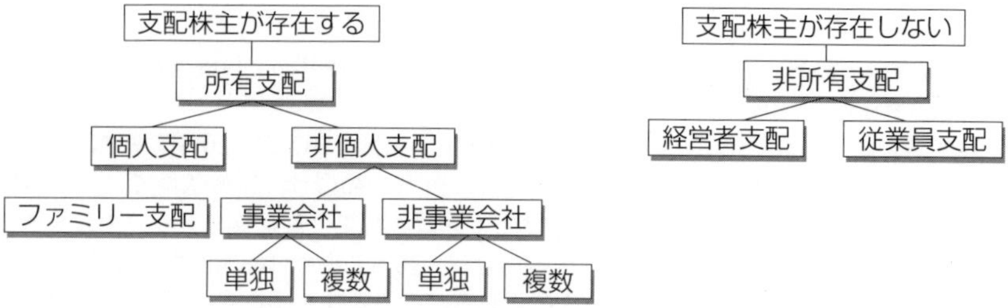

出所：筆者作成。

〔注〕
1) 主体とは，性質・状態・作用などの主として，それを担うもの。とくに認識と行動の担い手として意思をもって行動し，その動作の影響を他に及ぼすもの。
2) 村田和彦（2011）33ページ。
3) 藻利重隆（1984）34ページ。
4) 組成活動は，企業が要請する最高管理職能は，「革新」であり，シュンペーター（J.

A. Schumpeter) がいう企業家職能に相当し，これに対して，処理活動は管理者職能に相当する。
5) 村田和彦 (2011) 33-39ページ。
6) 「個人株主支配説」に対し，株式会社の発展に伴い，株式の分散が進むにつれて企業の経営を担当するほどの資本を所有している資本家・所有者が存在しなくなり，資本家ではない専門経営者による「経営者支配説」，企業結合の進展によって機関投資家が会社の大株主になり，株主の非個人化・機関化現象による「非個人株主支配説」，企業の競争優位の源泉が物的資本から人的資本への移行による「従業員支配説」，株式会社の発展による「会社それ自体支配説」が展開されているが，これらの企業支配説に関する検討に関しては，村田和彦 (2006) を参照。なお，本章では「機能資本家」という用語は用いず「経営参加的株主」という用語を使用している。
7) 村田和彦 (2011) 38ページ。
8) 村田和彦 (2011) 40ページ。
9) 村田和彦 (2006) 419-420ページ。
10) 村田和彦 (2006) 420-421ページ。

Berle & Means (1967) p.66が"the actual power to select the board of directors"「取締役の選出」を"control"「支配」と把握し，現在の経営者によって次期の取締役の選出が行われているとして「経営者支配」を展開していることに対して，村田 (2006) は，経営者が取締役を選出することが可能なのは，大株主を代行して経営者が行っていると理解し，経営者の取締役の選出を大株主が許可していると解するからであり，「経営者の解任」のみを「支配」として把握する小松章の主張に同意している。
11) 金在淑 (2008) 138-139ページ。La Porta et al (1999) pp.491-496, Claessens, et al (2000) p.103.

英米の場合は，10％基準では，英国の90％，米国の80％が，20％基準では英国の100％，米国の80％が広く分散されている。日本の場合は，10％基準では金融機関の所有が38％を占めているが，42％は広く分散されている企業であり，20％基準では80％が広く分散されている。韓国の場合は，10％基準では68％がファミリー支配，20％基準では，48％がファミリー支配，43％が広く分散されている。

＜参考文献＞

・Berle, A., Means, G. (1932) The Modern Corporation and Private Property, New york, The Macmillan, 北島忠男訳 (1958)『近代株式会社と私有財産』文雅堂書店。
・Claessens, S., Djankov, S., Lang, L. (2000) The Separation of Ownership and Control in East Asian Corporations, *Journal of Financial Economics* 58, pp.81-112.
・La Porta, R., Lopez-deS, F., Shleifer, A. (1999) Corporate Ownership Around the World, *Journal of Finance* 54, No.2, pp.417-517.

- 菊池敏夫（2007）『現代企業論－責任と統治－』中央経済社。
- 金在淑（2008）「韓国の企業統治改革」菊池敏夫・平田光弘・厚東偉介編『企業の責任・統治・再生－国際比較の視点－』文眞堂136－143ページ。
- 金在淑（2011ａ）「イギリスの会社機関構造と企業統治」佐久間信夫・鈴木岩行編『現代企業要論』創成社84－101ページ。
- 金在淑（2011ｂ）「ＧＭの経営破綻の誘因分析－経営戦略とコーポレート・ガバナンスの観点から－」日本大学経済学部『経済集志』第81巻第3号129－144ページ。
- 宮崎義一（1985）『現代企業論入門』有斐閣。
- 村田和彦（2006）『企業支配の経営学』中央経済社。
- 村田和彦（2011）『経営学原理』中央経済社。
- 藻利重隆（1984）『現代株式会社と経営者』千倉書房。

Chapter Ⅲ　企業統治と取締役会
－東アジアを中心に－

1　日本の企業統治と取締役会

　日本における企業統治の必要性を検討されるのは，大企業による不祥事の発生を契機とする。しかしながら，企業統治の本質的意味は，現代企業を代表する企業形態である株式会社において，その支配，管理・監督の主体は誰なのか，すなわち誰のものなのか，誰のために経営されるのか，誰が経営するのかということを考え，さらに株式会社を取り巻く利害者集団間の調整をいかにとるのかという問題を考えることである。

　特に現代社会では，株式会社が小規模の国家を凌ぐ経済的存在となっている。そのような企業の行動に対して，直接的な利害者集団である株主，従業員，消費者などのほかにも，地域社会，自治体・政府，世界経済，地球環境など多岐にわたり影響を及ぼすからである。さらに企業行動による影響は今まで以上に大きくなっており，この企業をどのように統治していくのかを検討することは重要な課題であると同時に現代的課題である。

　企業統治の具体的な機能として，二つの機能をあげることができる。一つは経営の健全化であり，もう一つは経営の効率化である[1]。このことは企業経営において，企業行動に先立つ意思決定過程の透明性を確保することであり，意思決定から企業行動への一連の活動が効率的に行われることである。

　例えば，2011年における大王製紙（株）やオリンパス（株）の取締役による不祥事に対して，（株）東京証券取引所は上場企業に対する企業統治の強化要請，具体的には独立役員の選任などを求めている[2]。経営の健全化として法令遵守や危機管理体制の整備・充実・強化の上に，消費者や社会に対して企業行動を

企業自ら律することが求められている。

　また，これまで長い間，日本企業では企業間での株式の持ち合いや従業員重視の経営など，制度上の所有者である株主を重視してこなかった。しかしながら，外国人投資家の存在が日本の証券市場において大きな位置を占めてきているなかでは，日本企業も株価や株主資本利益率などの株主にも配慮した経営に移行せざるを得なくなっている。さらに取締役会の構成員が多く，決定機関として効率的な意思決定ができない状況が多く見られるなかで取締役数の削減が行われている。このように経営の効率化がより一層求められてきている。

　このような改革が各企業で行われる中で，制度面の改革として2001（平成13）年の商法改正による監査役（会）機能の強化や2002（平成14）年改正による大会社についての執行役制度の導入を前提にした委員会等設置会社制度の導入は，企業により一層の健全性，効率性，透明性などを求める改革として行われている。さらに2006（平成18）年に施行された会社法は，それまで会社に関する法規制が商法，商法特例法など複数の法律で規定されていた状況を一つの法律として制度化し，株式会社の統治システムを企業規模，公開・非公開の別により，幅広く選択できる形態とした。これにより，日本の株式会社は取締役会設置会社，監査役会設置会社，委員会設置会社，会計参与設置会社などを選択することが可能となった。

　そこで企業統治における取締役会の役割についてみていく前に，企業統治を考える場合に前提となる企業観について検討する。

1　日本における企業観

　企業統治を考える場合，企業をどのような存在として捉えるかにより，企業としてのあり方に差異が生じる。このことが制度とその運用，組織形態などに影響を与える。

　「企業は誰のものか」という問いの設定は，利害者集団の中で誰の利益確保を目的とするのかということを前提として，企業を捉えていることになる。一方で企業それ自体が人間社会の中で存在意義のある社会的制度であると捉える

こともできる。
　企業をどのように捉えるのかということは，当然，時代や国・地域，学問分野によっても異なる。
　アメリカやイギリスにおいては，私有財産制における所有権から，企業もまた所有者のものであるというのが基本的価値観である。すなわち，現代企業を代表する株式会社においては株主が所有者であり，その株主の利益を確保することが株式会社の目的であるということになる。一方，ドイツを中心としたヨーロッパ諸国では，株式会社を労資共通の利益を確保することを目的とした上で企業それ自体が社会的存在であるとみる価値観が支配的である。このような二つの企業観がある中で，日本における企業観を検討すると，会社法に規定されている株式会社制度では，株式会社は所有者である株主のものであるというアメリカやイギリス同様の法体系を採っている。しかし，実際の多くの日本人の持つ企業観としては，これまでの従業員重視の経営や会社自体を「家」と捉える視点から，社会的存在としてみるヨーロッパ型の価値観に近いといえる。
　また，企業統治を研究する分野としては，法学，経済学，経営学などがあげられる。
　法学分野では，会社法における企業統治の目的は株式会社がその所有者である株主の合理的期待に応えることと考えられる。次に経済学において，企業統治とはプリンシパル（主人）である株主の利益を実現するようエージェント（代理人）である経営者を規律づけることと考えられている。すなわち，会社法や経済学では株主の利益確保を前提とした価値観が採られているといえる。
　これに対して，経営学では，経営者に企業行動を適正に行わせるための制度と慣行を企業統治と位置づけている。株主中心の企業統治は多様な企業統治の中のひとつと捉え，いかに企業行動を規律づけるかが課題となっている[3]。
　では，日本においての企業統治と取締役会の役割について概観する。

2　取締役会の役割

　株式会社制度において，制度上の最高意思決定機関であり監督機能を有しているのは所有者である株主の合議体である株主総会である。しかし，所有と経営の分離，企業規模の拡大，業務の複雑化などにより，株主総会は形式化しているといえる。このような状況の中で，実質的に経営組織の中で最も重要な機能を果たしているのが，戦略的意思決定を行うトップマネジメントとしての取締役会である。さらに株式会社における経営行動の監督機能も，本来的には株主総会にあるが，これもまた取締役会によって遂行される。このように現代企業において，取締役会は株式会社における実質的意思決定機関として捉えることができる。

　日本においては，2006（平成18）年に施行された会社法第362条2項において，取締役会の職務として次の3項目をあげている。「一　取締役会設置会社の業務執行の決定　二　取締役の職務の執行の監督　三　代表取締役の選定及び解職」である。この取締役会の三つの職務から，「経営の健全化」を遂行するための監督機能，「経営の効率化」を遂行するための業務執行の決定機能を見いだすことができる。このように企業統治における取締役会の役割である「経営の健全化」，「経営の効率化」が制度的にも裏付けられているといえる。

　このように制度的に取締役会へ取締役に対しての監督機能を付与しているが，取締役会の日本におけるこれまでの現状をみると，一般的にその構成面において社内取締役の人数が多く，通常，事業部や生産，販売，人事などの職能部門の責任者を兼任している。このことは，取締役会の機能を阻害する要因となりうる。社内取締役の多くは担当部門の業務が中心となり，関心も担当部門に注がれることになる。さらに取締役会による業務執行の監督という点においては監督する側とされる側が同一であるという問題や会社組織上の上位者である社長を同じ取締役として監督することが可能であるのかという問題が提起される。

　日本企業の特徴とされた取締役数の多さは近年減少傾向にある[4]。このことは多くの取締役を有する取締役会では実質的な討議を行うことは難しく，常務

会などの一部の取締役で審議された結果を追認するだけの存在となり，形骸化していたためであり，近年の激しい環境変化へ速やかに適応するためであると考えられる。その結果，形骸化した取締役会をより実効性のある組織へと再構築し，経営の健全化・効率化を目指す行動であるといえる。

さらに取締役削減とともに取締役会改革の主要な方向性は，社外取締役やより一層の独立性を求められる独立取締役の登用である。これらの登用により，取締役会における意思決定に対して幅広い視野による客観的意見の提供や第三者の目からの監視という点での監督機能の強化ということが期待できると考えられている。そして取締役会が意思決定機関であるだけでなく，監督機関であるという意識を企業において理解し，その役割を確立する必要がある。

しかしながら，取締役の削減や社外取締役，独立取締役の導入は，一面では従業員のモラールの低下につながるおそれがあるが，企業は急激な環境変化に対応して，迅速に意思決定することが求められ，経営行動に対する厳しい視線がある現在，取締役会の改革は必要である。

3　株式会社の機関設計

2006年施行の会社法の制定による株式会社の機関設計の多様化（図表Ⅲ－1）は，監督機能の側面では2001（平成13）年および2002（平成14）年改正の商法の規定を強化・踏襲した点と特例法として制度化されていた有限会社制度と商法に規定されていた株式会社制度を統合したことにより後退した点とをあわせ持っている。

強化・踏襲した点は，社外取締役，社外監査役などの外部の人材の登用を積極的に推進している点，さらに委員会設置会社制度の採用を継続した点である。そのため，会社法では社外取締役，社外監査役の定義が独立性確保のために強化されている。

社外取締役は「株式会社の取締役であって，当該株式会社又はその子会社の業務執行取締役（株式会社の第三百六十三条第一項各号に掲げる取締役及び当該株式会社の業務を執行したその他の取締役をいう。以下同じ。）若しくは執行役又は支配

人その他の使用人でなく、かつ、過去に当該株式会社又はその子会社の業務執行取締役若しくは執行役又は支配人その他の使用人となったことがないものをいう。」(会社法2条15号)という定義がなされている。

図表Ⅲ－1　株式会社機関設計選択肢表

		大会社以外	大会社
非公開会社	取締役会非設置会社	1　取締役 2　取締役＋監査役 3　取締役＋監査役＋会計監査人	15　取締役＋監査役＋会計監査人
非公開会社	取締役会設置会社	4　取締役会＋会計参与＊1 5　取締役会＋監査役 6　取締役会＋監査役会 7　取締役会＋監査役＋会計監査人 8　取締役会＋監査役会＋会計監査人 9　取締役会＋委員会＋会計監査人	16　取締役会＋監査役＋会計監査人 17　取締役会＋監査役会＋会計監査人 18　取締役会＋委員会＋会計監査人
公開会社		10　取締役会＋監査役 11　取締役会＋監査役会 12　取締役会＋監査役＋会計監査人 13　取締役会＋監査役会＋会計監査人 14　取締役会＋委員会＋会計監査人	19　取締役会＋監査役会＋会計監査人 20　取締役会＋委員会＋会計監査人

＊1 会計参与はすべてに設置可能　　＊筆者作成。

社外監査役に関しても要件厳格化が行われ、「株式会社の監査役であって、過去に当該株式会社又はその子会社の取締役、会計参与(会計参与が法人である

ときは，その職務を行うべき社員）若しくは執行役又は支配人その他の使用人となったことがないものをいう。」（会社法2条16号）という社外取締役同様の規定が設けられている。

このような当該株式会社との関連性を過去に遡っても関係性のない人材を社外と規定するなど，要件の厳格化を行う制度設計により，独立性，公平性，客観性を担保しようとしている。

一方，後退した点として，会社法ではそれまで小規模企業に株式会社制度の有限責任制を活用するために特例法で制度設計されていた有限会社制度を，大規模企業に対しても適用される株式会社制度に組み込む形での統合となった結果，例外的ではあるが公開会社でない大会社[5]において取締役会の設置が義務ではなくなった点を指摘できる。

ここでいう公開会社という規定は，「その発行する全部又は一部の株式の内容として譲渡による当該株式の取得について株式会社の承認を要する旨の定款の定めを設けていない株式会社」（会社法2条5号）というものである。

公開会社でない大会社における，もっとも簡略化した株式会社機関は，図表Ⅲ-1のように『株主総会・取締役・監査役・会計監査人』ということになる。このように簡素化された機関では，社会に影響力を持つ大会社の活動，取締役の意思決定・業務執行を多層的かつ有効に監視・監督することは難しいと言わざるを得ない。

さらに会社法では取締役会の設置義務を課している株式会社として，公開会社，監査役会設置会社，委員会設置会社の三つの形態を採用する場合である（会社法327条1項）。非公開会社の場合，監査役会設置会社および委員会設置会社以外は定款に定めることにより取締役会を設置できるとなっている（会社法326条2項）。

4　取締役会設置会社

　取締役会設置会社の代表的形態である監査役会設置会社と委員会設置会社について，その取締役会の役割についてみていく。

(1)　監査役会設置会社

　日本においては取締役会の監督機能を補強する存在として，監査役制度が導入され，当初は会計監査のみを行っていたが企業不祥事の発生により過去に数度改正・強化され，順次その監督範囲が拡大されていった。会社法では，株主総会で取締役同様選任された監査役が取締役の職務の執行を監督し，業務監査をも行うことになっている。

　会社法では①監査役は取締役会に出席し，必要があると認めるときは意見を述べる義務を負う（会社法383条1項），②任期を4年に延長（会社法336条1項），③大会社においての社外監査役の要件厳格化（会社法2条16号）と監査役会設置会社においては3人以上の監査役のうち過半数の社外監査役の登用（会社法335条3項）などの，社外監査役を中心にした監督機能の強化がなされている。

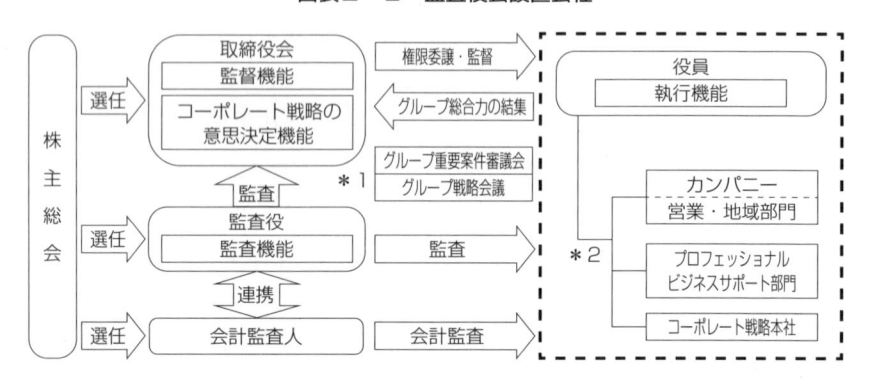

図表Ⅲ－2　監査役会設置会社

＊1　取締役会の意思決定機能を補完
＊2　傘下の事業部，国内外の関係会社等を含む

出所：パナソニック株式会社　2012年度有価証券報告書56ページ。

社外監査役に関しては,前述のように過去に遡って当該会社と関係がないことを求める要件厳格化が行われている。

図表Ⅲ-2はパナソニックの企業統治体制を図式化したものである。取締役会の役割として「スピーディーで戦略的な意思決定と健全で適切なモニタリングの両立を行うべく,コーポレート戦略の決定とカンパニーの監督に集中すること[6]」をあげている。企業統治の機能としてあげた「経営の健全化」,「経営の効率化」を具体化しているといえる。

社外役員に関しては,取締役17名中3名が社外取締役であり,監査役5名中3名が社外監査役となっている。この社外役員はすべて東京証券取引所の定める独立役員として届け出ている[7]。このように監査役会設置会社においても取締役のみならず監査役にも社外役員,さらには独立役員を導入することにより,健全化に対応している。

(2) 委員会設置会社

監査役制度のような日本独自の監督機能に加え,2002(平成14)年の商法改正では委員会等設置会社という制度が新たに加えられた。この制度は前述のように会社法にも委員会設置会社制度として引き継がれている。

委員会設置会社は,執行役制度の導入を前提として,設立が可能となっている。

定款に定めることにより,委員会設置会社制度を選択することが可能になり,監査役は置かれず,取締役会の中に社外取締役を中心とした指名・監査・報酬の三つの委員会の設置が義務づけられている。

① 指名委員会(会社法404条1項)
   株主総会に提出する取締役の選任と解任に関する議案の決定。
② 監査委員会(会社法404条2項)
   取締役および執行役の職務執行が適正に行われているかどうかを監査。
   従来型の監査役制度における,監査役(会)に相当する権限が与えられている。

③　報酬委員会（会社法404条3項）

　取締役および執行役の個別の報酬内容の決定。

　各委員会は取締役3人以上で構成され，過半数を社外取締役によって占められなければならない。

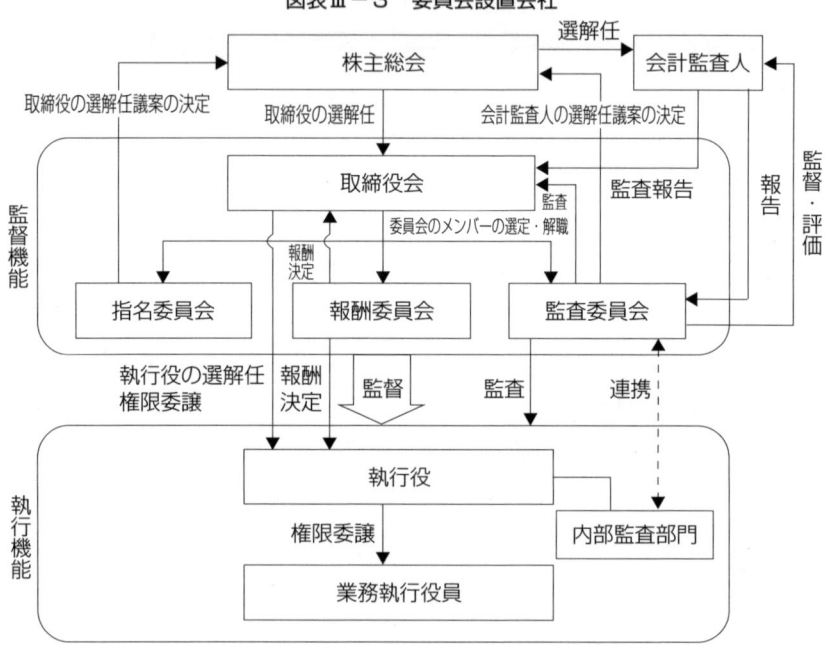

図表Ⅲ-3　委員会設置会社

出所：ソニー株式会社　2012年度有価証券報告書112ページ。

　委員会設置会社の前提となる執行役制度における執行役は，取締役会により選任され，委任を受けた事項の決定や，実際の業務執行を行う。取締役会は，執行役に業務執行に関する大幅な権限を委譲することができる。

　このことは執行役による業務執行と社外取締役を中心とした三つの委員会を設置した取締役会による監督機能への分離を意味する。これにより社内取締役が業務執行と取締役を兼任することから解放され，取締役会による業務執行の監督という点において監督する側とされる側が同一であるという問題を解消し，取締役会の監督機能を強化することにより経営の透明性の確保を目指している。

図表Ⅲ-3はソニーの企業統治体制を図式化したものである。委員会設置会社として決定および監督の機能と業務執行の機能を分離することにより，経営の監督機能の独立性強化，健全かつ透明性のある仕組みの構築，執行役への決定権限の委譲による経営の効率性の向上を目指している。これもまた，前述の企業統治の機能としてあげた「経営の健全化」，「経営の効率化」を具体化しているといえる。社外取締役に関しては，取締役13名中10名が社外取締役となっている。この社外取締役はすべて東京証券取引所の定める独立役員として届け出ている[8]。

(3) 現　　状

　代表的な株式会社の二つの形態について検討してきたが，実際に採用されている割合は，東京証券取引所上場会社中，監査役会設置会社が97.8%であり，委員会設置会社は2.2%となっている[9]。このように，ほとんどの会社が監査役会設置会社形態を採用しているのが現状である。

　このことは，従来の商法下における監査役制度で会社運営が長らくなされてきたことや監査役会設置会社においても任意の委員会を設置することにより監督機能の強化を行うことは可能であることで委員会設置会社に移行する具体的なメリットを企業が感じていないこと，また2003年の商法改正で導入された「委員会等設置会社」が大会社のみに認められていたことなどが考えられる。

　取締役および監査役の人数に関しては，取締役数は減少傾向にあり，東証上場会社全体で1社あたり平均8.13名となっている。また，21名以上の会社は前回調査（2011年）から10社減の6社となり，社外取締役の選任をしていない会社も2社のみとなっている[10]。

　社外取締役および社外監査役に関しては，社外取締役を選任している会社は東証上場会社全体で54.7%であり，選任を義務づけられていない監査役会設置会社に限っても53.7%に上っている。1社あたりの平均は監査役会設置会社で0.94名，委員会設置会社で4.61名となっている[11]。社外監査役は監査役会設置会社において，その過半数を占めることが求められていることから，監査役

会設置会社1社あたりの監査役平均人数が3.77名に対して,社外監査役が2.52名となっている。さらに監査役の総員数が6名以上の会社も24社みられる[12]）。

5 企業統治における取締役会の役割

　企業統治の機能として「経営の健全化」と「経営の効率化」の二つを提示して,企業統治と取締役会について考察してきた。

　これまでの日本における企業統治に関する議論は,この前者である「経営の健全化」を中心に進められてきたといえる。これは,企業不祥事が起こるたびに制度改革や強化が行われてきたことからも明らかである。一方,そのような制度改革として導入された委員会設置会社が未だに採用する企業が伸びないことをどのように考えるかが,取締役会に求められる役割を検討する際に有効である。

　すなわち,委員会設置会社に移行するメリットが「経営の健全化」のみ,あるいはほとんどであるとしたら,従来の商法下における監査役制度で会社運営が長らくなされてきたことから監査役会設置会社において,任意の委員会を設置することにより,企業統治機能をより強化することの方が,企業にとって負担が少ないといえる。換言すれば,企業における意思決定の迅速化,その過程の透明性の確保,責任の明確化などの目的が達成されることが重要であり,その手段である組織形態の選択は各企業を取り巻く環境によって,判断されるといえる。それは取締役会の遂行する企業統治の機能として後者の「経営の効率化」もまた,「経営の健全化」と同様に重要であるからである。

　このように考えると,企業統治において取締役会に求められる役割は,経営の健全化と効率化の両立であるといえる。では,現在の企業統治における方向性は,この取締役会の役割の達成に適合しているものなのかを検討する必要がある。

　東証上場会社に対する独立役員の確保を東京証券取引所の上場規程に規定したことに関して検討を加える。社外取締役が求められている機能を果たしているのかという点においては,近年のアメリカ企業の不祥事をみてもわかるが,

有効に機能しているとはいえない。この点に関して，既にメイス（1971年）は多くのインタビュー調査により，社外取締役もまた実質的にＣＥＯによって選任されており，一般的に社外取締役に求められる機能である"株式会社の，基本目的，会社レベルの戦略，および，全般管理者的な政策の策定"，"鋭い質問をすること"，"社長を選任すること"の機能に関しては，たいていの取締役会では果たされていないとしている[13]。

東京証券取引所の上場規程が求める独立役員とは，「一般株主と利益相反が生じるおそれのない社外取締役と社外監査役をいう。」となっている。1名以上の独立役員（独立取締役と独立監査役）の確保が義務づけられている。具体的には，次の5項目に該当している場合にその状況等を勘案して総合的に行う。

 a 当該会社の親会社または兄弟会社の業務執行者
 b 当該会社を主要な取引先とする者若しくはその業務執行者又は当該会社の主要な取引先若しくはその業務執行者
 c 当該会社から役員報酬以外に多額の金銭その他の財産を得ているコンサルタント，会計専門家または法律専門家
 d 最近においてaから前cまでに該当していた者
 e 次の(a)から(c)までのいずれかに掲げる者の近親者（二親等以内）
  (a) aから前dまでに掲げる者
  (b) 当該会社又はその子会社の業務執行者
  (c) 最近において前(b)に該当していた者である[14]。

この規定においては，会社法が求める社外役員の要件より厳しいものとなっている。この点では，「経営の健全化」を目指す取締役会の役割を強化する可能性があるといえる。しかし，メイス（1971年）で明らかなように社外取締役が「経営の効率化」に対して，影響力を行使することが難しいといえる。すなわち，独立役員特に独立取締役が「経営の効率化」において，戦略的意思決定に対して，有効に機能すると考えることは難しいといえる。一方，独立取締役の役割として，戦略的意思決定などの業務執行に関わることではなく，独立取締役が有する知識・経験に基づいての経営者への監督・評価であるという意見

もある[15]。

6　企業統治と取締役会の今後

　これまでの企業統治と取締役会の役割に関しての検討をふまえて，今後の方向性を考える。

　はじめに企業統治の機能として，「経営の健全化」と「経営の効率化」をあげて，取締役会の役割との関連で論じてきた。日本において，企業統治は企業不祥事が起こるたびに話題になり，制度改革が行われ，監視・監督機能の強化へとつながってきた歴史がある。このことは経営の健全化を進める改革である。一方で，環境変化が激しい現代社会においては，企業が永続的に存続するためには企業統治を実効あるものとして，経営の効率化を進める必要がある。

　経営の健全化を中心的な目的とする会社法や東京証券取引所の上場規程によって，日本企業を取り巻いているさまざまな問題を解消することが可能かと言えば，全てを解決するとはいえない。

　外部性や独立性は，監視・監督機能にとって重要な条件とはなるが，経営の効率化にどれほど有効なのかという視点からの検討も必要とする。さらに，企業外の人材の確保には大きな問題がある。取締役や監査役として経営者の行動を監督し評価できる能力を備えた適任の人材を確保する場が企業外部に確立されておらず，東京証券取引所が求める独立性を同時に確保することも求められる点は問題点として指摘できる。

　このような問題点もあるが，現在，企業経営に求められていることが経営行動の透明性であることを考えると，委員会設置会社においても，従来の監査役会設置会社においても，社外からの監視の目の導入ということの必要性は明らかである。

　現代の企業経営において特に求められるのは，経営の透明性を確保するための倫理基準の確立である。そこでは社外取締役の役目が重要な位置を占めることになる。社外取締役は自らの知識・経験に基づいて内部者に見られる視野の狭さを指摘し，広い視野のもと企業を取り巻く環境主体に配慮した経営を経営

者が行うことを監督することが重要である。このような行動ができる社外の人材を登用できるかが鍵である。また，社外取締役を活用するには内部者の意識改革もまた必要とされる。さらに社内取締役・社外取締役問わず，自らの行動を律することが求められている。

ここで指摘した点を実現するためには，前述のように，法を制定し，制度を作ることが必要であるのと同時に，それだけで問題が解決されるわけではないことはいうまでもない。社外取締役が多数を占め，取締役会に委員会制度を導入していたアメリカの企業においても，企業不祥事は発生していることからも理解できる。企業統治において本来，企業経営者が自ら，法や制度がなくても，倫理基準を常に見直し，企業を取り巻く環境に適合させていくことが企業の持続可能性にとって重要である。すなわち，企業統治の確立には，常に倫理基準を見直し続けていくことが必要であり，その実行機関が取締役会であるといえる。

しかしながら，「経営の健全化」のみが企業統治ではなく，環境変化が著しい現代社会において，的確な意思決定を迅速に行う「経営の効率化」も，取締役会には同時に求められている。そのためには，社外取締役に求められるものとして，現在ほとんど機能していないと考えられる「経営戦略」への貢献も企業経営の専門という視点からではなく，社外取締役は自らの知識・経験に基づく第三者としての視点から経営課題の解決に貢献することも必要であると考える。

「経営の健全化」と「経営の効率化」は，企業経営にとって車の両輪といえる。その両輪を動かす役割を担い，株式会社の行動を決定する機関が取締役会であるといえる。それゆえにどちらか一方に比重を置くことは企業の持続可能性という視点からは問題であるといえる。企業統治を考える場合，この二つの役割を十分考慮して，その制度設計，運用，評価などをする必要がある。

日本においては，委員会設置会社や社外役員・独立役員など新たな制度が取り入れられてきているが，その運用方法や評価に関しては確定しておらず，これからもさまざまな課題に対して対応しつつ発展させていくことが必要である。

このように企業統治における取締役会の役割は，企業の存続にとり重要であり，今後もその機能を充実させていくことが求められる。

〔注〕
1) 平田光弘（2012）「経営者自己統治論「これから」」経営哲学学会編『経営哲学の授業』ＰＨＰ研究所による区分を参考にしている。
2) （株）東京証券取引所代表執行役社長記者会見，2012年1月31日。
3) 神戸大学経営学ＣＯＥ企業統治グループ，経済教室・ゼミナール「新時代の企業統治」日本経済新聞，2007年6月1・4日。
　　吉森賢（1998）「企業はだれのものか－企業概念の日米欧比較」横浜経営研究第ⅩⅠⅩ巻第1号42～54ページに詳しく論じられている。
4) 東京証券取引所（2013）「東証上場会社コーポレート・ガバナンス白書2013」20～21ページ。
5) 大会社とは，会社法2条6号で規定されている。最終事業年度に係る貸借対照表に資本金として計上した額が5億円以上あるいは負債の部に計上した額の合計額が200億円以上である会社をいう。
6) パナソニック株式会社（2013）2012年度有価証券報告書55ページ。
7) 東京証券取引所有価証券上場規程第436条の2「上場内国株券の発行者は，一般株主保護のため，独立役員（一般株主と利益相反が生じるおそれのない社外取締役（会社法第2条第15号に規定する社外取締役であって，会社法施行規則（平成18年法務省令第12号）第2条第3項第5号に規定する社外役員に該当する者をいう。）又は社外監査役（会社法第2条第16号に規定する社外監査役であって，会社法施行規則第2条第3項第5号に規定する社外役員に該当する者をいう。）をいう。以下同じ。）を1名以上確保しなければならない。」に基づき，届け出ている。
8) ソニー株式会社（2013）2012年度有価証券報告書111～113ページ。
9) 東京証券取引所（2013）前掲書15ページ。第一部，第二部，マザーズの3市場上場会社合計2,275社に対する調査。
10) 東京証券取引所（2013）同上書20ページ。
11) 東京証券取引所（2013）同上書21ページ。
12) 東京証券取引所（2013）同上書34ページ。
13) Mace, M. L.（1971, 1986）DIRECTORS：Myth and Reality, Harvard Business School Press, Boston, pp. 10－71（道明義弘訳（1991）『アメリカの取締役：神話と現実』文眞堂，10～81ページ。
14) 東京証券取引所（2013）「独立役員の確保に係る実務上の留意事項：上場管理等に関するガイドラインⅢ5．(3)の2」2～4ページ。
15) 一般社団法人日本取締役協会独立取締役委員会（2012）「日本企業がめざすべきコーポレート・ガバナンスについての意見書」3～4ページ。

Chapter Ⅲ　企業統治と取締役会－東アジアを中心に－

＜参考文献＞
- 上村達男・金児昭（2007）『株式会社はどこへ行くのか』日本経済新聞社。
- 菊池敏夫・太田三郎・金山権・関岡保二編著（2012）『企業統治と経営行動』文眞堂。
- 菊池敏夫・平田光弘・厚東偉介編著（2008）『企業の責任・統治・再生－国際比較の視点－』。
- 菊池敏夫（2007）『現代企業論　責任と統治』中央経済社。
- 菊池敏夫・平田光弘編著（2000）『企業統治の国際比較』文眞堂。
- 小林秀之編著（2006）『新会社法とコーポレートガバナンス（第2版）』中央経済社。
- 東京証券取引所（2013）「東証上場会社コーポレート・ガバナンス白書2013」。
- 平田光弘（2012）「経営者自己統治論「これから」」経営哲学学会編『経営哲学の授業』PHP研究所。
- 平田光弘（2001），21世紀の企業経営におけるコーポレート・ガバナンス研究の課題，「経営論集」，第53号。
- 吉森賢（1998）「企業はだれのものか－企業概念の日米欧比較」横浜経営研究第ⅩⅠⅩ巻第1号42～54ページ。
- Mace, M. L.（1971, 1986）DIRECTORS：Myth and Reality, Harvard Business School Press, Boston（道明義弘訳（1991）『アメリカの取締役：神話と現実』文眞堂）。
- 拙稿「日本の企業統治改革」菊池敏夫・平田光弘・厚東偉介編著（2008）『企業の責任・統治・再生－国際比較の視点－』107～120ページ。
- 拙稿「日本のコーポレート・ガバナンス」石山伍夫編著『経営入門』税務経理協会，2006年，111～119ページ。

2 中国の企業統治と取締役会

1 中国の企業統治と取締役会

(1) はじめに

　中国の企業統治システムは，国家全体の経済体制の発展と対応しながら大きな変化を示している。企業統治に関する研究では，中国の学界，経済界はもちろん政府機関でも盛んに行われている。所有制からの研究，国有企業改革のプロセスに沿う研究，計画経済展開にともなう研究，株式制を中心とする研究など，まさに百花斉放である。しかし，これらの研究においては本格的な改革開放の実施にともなう社会主義市場経済の推進，次第に近代企業制度が形成される過程，および会社法が制定され，法規の改正と株式所有構造の改革から現在にいたるまでの流れ，および局面の研究が主な共通点であると考えられる[1]。

　本章では主に上場会社を中心に，企業統治改革の歴史から，上場企業の所有構造と機関投資家の行動の変化，上場企業の取締役会における企業統治などを取り上げることにする。

(2) 企業統治改革の歴史

　中国における企業統治改革の歴史については，①改革・開放が始まった1978年から近代企業制度の確立が打ち出された1993年前までの計画経済と市場経済併存段階の企業統治，②近代企業制度実施から初めて中国版『公司法』（会社法）が公布され株式会社に関する法規の整備段階，③法規の改正と株式所有構造改革から現在までの段階，など三つの段階に分けて取り上げることにしたい。

1 計画経済と市場経済併存段階の企業統治 (1978-1992)

　この段階は主に，1978年末から実施された「放権譲利」(decentralization，下級政府や企業に権限を委譲し利益を分ける) が特徴である。1979年国務院（日本の内閣に相当）は企業経営管理メカニズム改革に関する規定を公布し，国と企業との関係を調整し，国有企業の経営自主権の拡大をはかった。国は国営企業[2]

に対して直接行政計画に従って統治し経済的手段による調節を加える方式を導入した。企業経営に積極性が発揮できる措置として，主に国有企業の固定資産投資，資産減価償却管理，流動資金の管理などが実施された。国営企業の経営自主権の拡大が試験的に行われ，1981年には国営企業の経営責任制が国有企業経営制度改革の目標・要求として定められた。引き続いて次のような措置がとられた。

①1981～1982年の企業における国への利潤上納請負を内容とした「経済責任制」を試験的な実施，②1983～1984年の「利改税」（国営企業の利益上納方式を納税方式に改める）の実施，③1987年からの「請負責任制」（国営企業の国への利潤請負を内容とする経済責任制）の実施，④1992年の14の経営自主権を認めた「全人民所有制工業企業の経営メカニズム転換条例」，など一連の政策が実施されることにより，国営企業の計画経済から社会主義市場経済への転換が促進された。国家は企業に対し，全人民所有制の財産占有権，利用権，処分権を認め，企業は国から認められた財産の経営管理権を効果的に利用することによって，国家財政への上納任務と資産価値の増加を請け負い，国の所有権を保証する。経営請負責任制はまた，企業の国家に対する依仔度を減らし，経営のリスクを自ら担い，それによって次第に効果的に自主的な経営メカニズムを形成することを促進し，政府部門の経済管理機能の主体を直接管理から間接管理に転換するための条件を作り出した。

2　近代企業制度の確立段階の企業統治（1993～2003年）

この段階は，国営企業から転換した国有企業において近代企業制度の確立を中心とする改革が本格的に始動した時期といえる。

1993年11月，中国共産党第14期3中全会で「社会主義市場経済体制の確立に関する若干の決定」が採択され中国は正式に社会主義市場経済体制を指向することになった。「近代的企業制度の確立」方針によって大型・中型国有企業の株式制への転換，国有と民有の混合所有化が図られる。全会では，国有企業改革の目標は近代企業制度の確立であると位置づけたが，この改革は要するに"「産権清晰」（明確な国家の国有資産所有権と企業の法人財産権），「政企分離」（行

政府の企業生産経営への不介入)，「権責明確」(明確な出資者の所有者権益と責任，企業の損益自己負担)，「管理科学」(科学的な組織管理制度)"という内容であり，それらを明確化することであった3)。

　その後，『公司法』(会社法)が1994年7月1日に施行され，出資者の有限責任を前提とし多数の出資者による企業統治のあり方が法的に規定された。公司法は現在中国における企業統治の基本的な枠組を示すものである。公司法に照らして，国は他の出資者と平等の立場で出資比率に基づき株主総会での投票，取締役の選任を通じ経営に対する監督を行う。公司法では有限責任公司，株式有限公司の二つの株式会社形態が定められている。

　中国の株式会社である有限公司には，有限責任公司と股份有限公司とがある。有限責任公司は，一般に有限公司とも言い，Company Limitedの中国語訳である。2人以上50人以下の株主が出資し，その出資額に応じて公司に対して有限責任を負う。最低資本金は3万元（特定業種は必要に応じて別途制定）。その資産を以って，公司の債務に責任を負う。股份有限公司とは，股份公司とも言う。「股份」は株式，「公司」は会社と同義で，日本語に翻訳すれば，株式会社である。5人以上の株主により成立し，株主の数に制限はない。資本金最低額は1,000万元。資本金は等額の株式にして発行し，株主は所有する株式を以って公司に対し有限責任を負い，公司はその資産を以って公司の債務に責任を負う。国有独資公司（株式制会社）が有限責任公司内に含まれていることに注目したい。

　2002年始め，中国証券監督管理委員会（以下，証監会と略す）と経済貿易委員会は連合で「上場会社企業統治準則」を公布したが，これはOECDの企業統治原則をベースに中国の上場会社の現状と問題点にあわせて中国における上場会社の企業統治の基本的原則を示したものである。主として，投資者の権益保護，上場会社の取締役，監査役，経営陣が遵守すべき基本的行動準則，職業道徳などが定められた。中国における企業統治論の本格的な展開はこの決定により始まったといってよい。

3 『公司法』,『証券法』の改正と株式所有構造改革の進行段階（2004年～現在）

上場会社は証監会を代表とする政府の監督管理部門のバックアップの下でガバナンスの改革を進めつつあった。2004年,国務院は「資本市場改革開放の推進と安定発展のための若干の意見」を公布し,国民経済発展の中での資本市場の戦略的地位を明らかにした。なお,2005年4月より,「股権分置改革」（企業の株式が,証券取引所で売買される流通株（A株）と,取引所を通さず相対で取引される非流通株（国有株及び法人株など）の2種類に分かれ,価格などにおいて両株の権益に不均衡が生じていることを指す）という非流通株の流通化改革に踏み切った。この狙いは,株式公開前の企業において多数を占めている国有株,法人株など非流通株の流通をはかることであった。つまり上場会社における国有株が多数を占めている所謂"一株独大"（国有株主が他の株主と比して突出した持株比率をもつ現象を指す）状況を打破することである。2006年に,改正された『公司法』,『証券法』は企業の統治構造の改革を期し株主の権益と社会公共利益を守るメカニズムの構築を意図したものといわれている[4]。2007年から3年間の計画で証監会は上場会社企業統治強化のイベントを実施した。

一連の改革を通じて,①上場会社の独立性は明らかに向上し,取締役会メンバーの多元化が企業統治と内部支配の改善に大きな役割を発揮できた,②取締役会,監査役会と株主総会の役割は大きく改善され,ネットによる株主総会の投票率が大幅に向上したし,取締役会,各委員会の機能発揮が同じく大きく改善され,③内部支配に関する制度が整備され,企業の現状に合った健全な内部支配メカニズムが整備された,④ディスクロージャーが更に改善された,⑤「投資者関係管理制度」の制定によって上場会社は投資家との関係を重視するようになった,などの変化が現れた。株式制の導入によって今までの国有企業における単一所有者主体の局面を打破し,これによって所有者の多元化が図られる。また,出資者間の相互制約メカニズムの構築もでき,出資者と経営者,従業員などのステークホルダーが共同で企業統治システムの構築へ参加することができることになった。

(3) 上場企業の所有構造と機関投資家の行動
1 『公司法』からみた所有構造
　中国の企業統治は"三権分立"の制度をとっているが，意思決定権，経営管理権および監督権はそれぞれ株主総会，取締役会および監査役会に帰属し権利行使のバランスがとられている。
　中国における企業統治体制は『公司法』により，会社の種類ごとに詳細に規定されている。『公司法』の規定は上述のごとく有限責任公司と株式有限公司の二つに大きく分かれている。なお国有独資公司は有限責任公司に原則として分類される（『公司法』第65条）が，企業統治体制に関しては，別に規定されている。
　取締役，監査役ともに選任は株主総会で行われる。有限責任公司では，株主は出資比率に応じて議決権が付与されており（『公司法』第43条），株式有限公司では1株につき1議決権が付与されている（『公司法』第104条）。
　株式制企業である株式有限会社，有限責任会社での各種機関の設置状況をみると，取締役会はすべての企業で設置されているものの，監査役会はすべてに設置されているわけではなく，一般の株式制企業の企業統治に関しては，必要な機関がすべて整備されているとは言い難い。
　一方，上場会社における株式会社制度の状況を見れば，中国企業統治の特徴の一つである企業の共産党委員会の企業への影響が大きいことがあげられる。実際，取締役と党幹部との兼任も多数見受けられる。一方で，監査役に関しても，共産党の管轄下に置かれている労働組合（工会）や従業員代表大会の影響を大きく受けている。このような現状をみると中国共産党の影響が上場企業にまで及んでいることを垣間見ることができる。法的には株主の意向で取締役や監査役が選任されるのであるが，上場会社であっても国有株が多数を占めている状況を考えれば，取締役や監査役の選任に関して，政府の意向が大きく反映される可能性は言うまでもない。
　図表Ⅲ-4は上場会社の企業統治モデル（宝鋼集団有限公司のケース）であるが，図表からも分かるように，英米型の委員会制度，ドイツの共同決定システ

ムなどが導入されているが，本質的には日本の監査役会設置会社の構造と類似している。委員会の中に経営戦略委員会，会計監査委員会を設け，監査役会（株主，従業員代表が参加）を存続させるなどの特徴が伺える。

図表Ⅲ－4　中国版会社の統治モデル（上海宝鋼のケース，2005年1月現在）

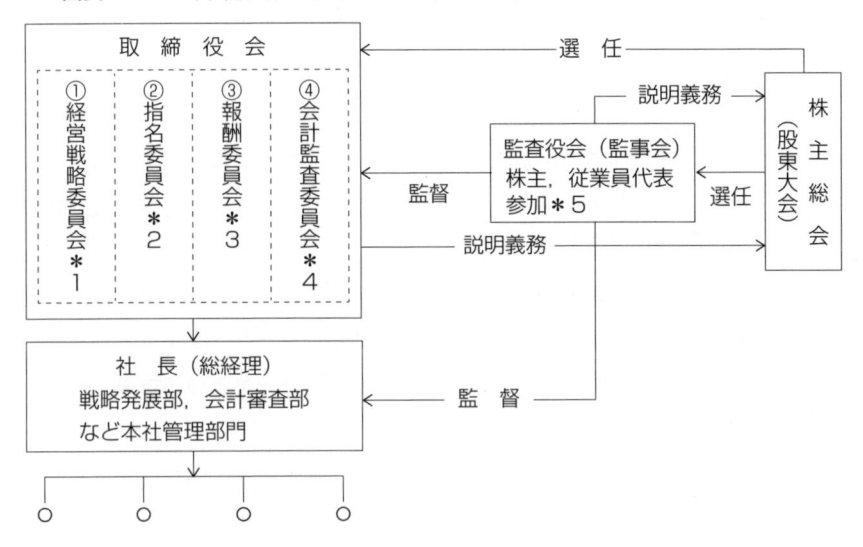

```
          取　締　役　会          ←――― 選　任 ―――┐
 ┌──┬──┬──┬──┐                          │
 │①経│②指│③報│④会│     ┌―――説明義務――→│株
 │営戦│名委│酬委│計監│     │                  │主
 │略委│員会│員会│査委│     監査役会（監事会）  │総
 │員会│*2 │*3 │員会│ ←―督 株主，従業員代表 ―選任│会
 │*1 │   │   │*4 │     参加*5                │（
 │   │   │   │   │     │                    │股
 │   │   │   │   │←――説明義務――――――→│東
 └──┴──┴──┴──┘                          │大
          │                                    │会
          ↓                                    │）
   社　長（総経理）                             │
   戦略発展部，会計審査部  ←――― 監　督 ―――┘
   など本社管理部門
          │
   ┌──┬┴─┬──┐
   ○   ○   ○   ○
```

＊1：経営戦略委員会6名，内独立取締役2名，　＊2：指名委員会3名，
　　内独立取締役2名，　＊3：報酬委員会3名，内独立取締役2名，
＊4：会計監査委員会3名，内独立取締役2名，　＊5：監査役会、計9名，
　　内独立監査役3名，従業員代表3名

出所：宝鋼集団有限公司戦略発展部，董事会秘書室での聞き取り調査により作成，
　　　2004年12月28日。

2　機関投資家の発展プロセス

中国における機関投資家（Institutional investors）の活動状況をみるとおおよそ以下3段階にまとめられる。

① 萌芽段階（1990年～1997年）

この時期における機関投資家は主として証券会社の業務を中心にその投資活動を行ってきた。市場ではいくつかの基金（ファンド）の運用が始まったが，

規模が小さく投資額も保守的で証券投資より事業投資が中心で真の証券投資基金としての運用までには至らなかった。

② 市場調整と機構調整の段階（1998年～2005年）

1998年3月23日に，最初の証券投資基金が稼働し始めた。基金金泰と基金開元がそれぞれ上海証券取引所と深圳証券取引所のネット上の売買をはじめ，4月7日両基金はまたそれぞれ上海証券取引所と深圳証券取引所での上場を果たし，中国における最初の上場証券投資基金となった。それと同じく証券市場では証券会社，信託会社の淘汰が始まり，政府主管部門では機関投資家の活動に関する一連の政策と措置が講じられた。2002年12月には，海外有資格機関投資家制度（Qualified Foreign Institutional Investors, QFII）が中国の資本市場に導入され，2004年年初に国務院は『資本市場改革開放の推進と安定的発展に関する若干の意見』を公布し明確に機関投資家の活動をバックアップする方針が示された。2004年10月には国務院の認可を経て，中国保険監督管理委員会，中国証券監督管理委員会が共同で『保険機構投資家の株式投資管理への暫定方法』を公布したが，これは中国において保険資金による株式市場への投資活動を初めて認めたものである。

③ 急速な発展段階（2006年～現在）

2006年から現在まで，機関投資家の活動は大きな発展を遂げ証券投資基金を中心に証券会社，信託会社，中国進出外資系機関投資家，社会保険，企業年金などその他機関投資家と共に行動する多元的な局面が現れた。機関投資家の量的拡大に従って投資規模および投資内容の質的向上がはかられ，証券市場における投資主体の機関化が明らかになりつつある。

3 機関投資家の役割

中国における機関投資家には主として，金融機関，保険会社，投資信託会社，信用合作社，国または民間団体により設立された年金基金，中国に進出している外国の機関投資家などが含まれている。投資源泉，投資目的，投資方向などの面で機関投資家と個人投資家は大きく異なっているが，現状は投資家全体に占める機関投資家の比率は依然として個人投資家よりははるかに低い。

機関投資家の市場参入は上海と深圳両証券取引所における取引の安定性に大きな役割を果たしている。例えば，機関投資家の参入によって深圳証券取引所における取引額の変化率は13％下がり，上海証券取引所は6％下がっている[5]。もちろん機関投資家の市場参入によって取引市場における一定の安定性の維持には期待されている。

2002年公布された『上場会社統治準則』第11条では，機関投資家は取締役の選任，経営陣のインセンティブと監督，重大事項の決定などの面で積極的に役割を果たすべきであると定めている。例えば，中国証券投資基金などは，主力の機関投資家として株主権利の行使と企業統治の活動に積極的に参加しているが，その参加の方式は主に以下の通りである。

① 間接参加。企業経営陣の意思決定に意見を述べるかまたは提案を行い，企業統治へ影響を与えている。経営陣に対する意見または提案については他の株主の理解と賛同を得て，素早く経営陣にその意図を伝達し，結果的に企業統治の改善を促している。

② 直接参加。企業の主な投資家として取締役会の改組を通じて取締役会のメンバーとなり，企業の重大な意思決定に直接加わり，業務執行を担当する。また株主総会における議決権の行使を通じて企業統治に直接参加している。

中国における機関投資家における企業統治への参加は始まったばかりで，日本に比べると遅れているが，企業の意思決定に与えている影響力は否定できない。

(4) 取締役会による企業統治
1 取締役会のガバナンス

取締役会は株式会社の業務執行の決定等を行う合議体であり，英米型の一元制機関は取締役会のみの場合には業務執行として監督機能をも同時に担当し，業務執行における意思決定については重要なものを除き特定の取締役などに委任するのが通常であるが，ドイツ型にみられる二層制の場合には，取締役会は執行役会とも訳され，監査役会による業務執行の監督を受けることとなる。

日本の取締役会は1950年の商法改正によって授権資本制度とともにアメリカの会社における取締役会（Board of Directors）制度を導入したものである。この改正がなされる前は取締役自体が会社の必要的機関とされていたが，改正後は取締役会が必要的機関とされ，取締役はその構成員となった。その後，2005年に成立した新会社法（翌年5月施行）では，取締役が必要な機関とされ，取締役会は任意設置機関となった（326条2項，設置義務があるケースにつき，327条1項）。

　すでに企業統治改革の沿革で取り上げている『公司法』は中国における初めての企業統治に関する法整備の第一歩ともいえる。同法では，株式会社では取締役会を設置し，取締役会のメンバーは株主総会で任免され，取締役は株主総会に責任を持つ，と定めている。取締役会は業務執行に関する会社の意思決定を行う機関として『公司法』で定めている権限を行使するが，主な権限は以下の通りである。

① 株主総会を招集し，かつ株主総会での業務報告を行う
② 株主総会の決議を実行する
③ 会社の経営計画及び投資案を決定する
④ 会社の年度予算案及び決算案を作成する
⑤ 会社の利益配当案及び損失補填案を作成する
⑥ 会社の登録資本金の増加又は減少案及び社債発行案を作成する
⑦ 会社の合併，分割，解散又は会社形態の変更案を作成する
⑧ 会社の内部管理機構の設置を決定する
⑨ 総経理（社長）の招聘又は解任及びその報酬を決定し，かつ総経理の指名に基づき会社の副総経理（副社長），財務責任者の招聘又は解任及びその報酬を決定する
⑩ 会社の基本的管理制度を定める
⑪ 会社の定款に定めるその他の権限

　中国の学界で初めて企業統治における取締役会の役割を取り上げたのは，1994年呉敬璉氏の『改革』誌に掲載された「近代企業制度とはなにか」であっ

た。呉氏は，企業統治こそが近代企業制度の核心であると主張している。所謂企業のガバナンス構造は，主として株主，取締役・執行役，経営陣で構成されるが，この3者は互いに影響を与えながら牽制している。こういう構図によって，株主は自分の資産を取締役会に任せる。企業の業務執行の最高意思決定機関としての取締役会は経営陣の招聘，解任，賞罰の権限を持ち，経営陣は取締役会から招聘され取締役会の指導の下で執行機関を設け，授権範囲で経営活動を行うことと示している。

　"企業統治"という用語が中国共産党の公文書に正式に明記されたのは，1999年中国共産党第15回全国代表大会第4次中央全体大会（15回4中全会）の報告書「国有企業改革と発展に関する若干の重大問題の決定」で正式に取り上げている。国有大中型企業の株式制への転換に関して，共産党中央は国有企業から株式会社に制度転換された後に重要なことは企業統治であると強調し，"所有者と経営者の間に互いにコントロールできる法人ガバナンス構造の構築が新しい株式制度の中心である"と指摘し，初めて"企業統治"という用語が用いられた。報告書では，株式会社の核心は企業統治であると明記し，株主総会，取締役会，監査役会と経営陣の職責をはっきり定めることによって企業の統治が順調に進むことを示した。

　なお，2003年10月に開かれた第16回3中全会では，企業統治の構築，取締役会の健全化をはかることを中心に審議が行われた。全会では，"企業統治の構築を推進し，近代企業制度に照らして企業の株主総会，取締役会，監査役会と経営者の職責を定め，経営陣の招聘制度を確立する。株主総会で取締役会と監査役会の構成員を決め，取締役会で経営陣を選ぶ。選ばれた経営者は人事権を行使し，これによって最高意思決定機関，業務執行の意思決定機関，監督機関と経営者の間の相互牽制メカニズムの確立が期待される"と明記した。

2　中央管轄企業における取締役会制度の確立

　2008年10月第11回全人代常務委員会第5次会議で可決され翌年5月1日より施行された『企業国有資産法』の第5条によって，従来の国有企業は四つの形態に分けられることになった。つまり，国有独資企業，国有独資公司，国有資

本控股公司（国有資本の持株支配会社），国有資本参股公司（国有資本株式参加公司）である。中国の上場会社の大多数はこういう株式制に転換された国資企業であることを指摘しておきたい。

　ここでは国資企業，とりわけ中央管轄企業（以下，央企と略す）における取締役会をみてみよう。央企といえば，中国政府の完全所有の企業として，旧来の国営→国有→株式制へと転換された。なお，央企は中国の経済発展のなかで，依然として大きな牽引役を果しているのはいうまでもない。

　共産党16回大会後，共産党中央は積極的に株式制改革を進め企業統治構造の構築をはかり，近代企業制度の確立を早め，国有資産監督管理体制に適応させるため国有資産監督管理委員会（国資委）は試験的に央企における取締役会の統治構築を促してきた。国資委は，2004年6月に『央企に取締役会の設立と十分な役割の発揮を目指すための試行通知』を下したが，央企における企業統治，とりわけ取締役会運営の健全化には重要な一歩を踏みだしたこととなる。図表Ⅲ－4で示されている統治構造がまさに央企における取締役会構築試行に当たる一つのモデルである。

　央企における取締役会制度の完全をはかる試行（試験的な実施）は，2005年10月17日，上海宝山鉄鋼集団から試験的に始まり，現在この試行が既に30数社に上り中でも5社の取締役会会長は外部取締役から選ばれている。

　取締役会制度の確立をはかるのに必要なことは外部取締役制度の構築である。したがって，国資企業の指導下で主として取締役会における内部統制の改善のため経営戦略，指名，報酬，会計監査などの専門委員会が設けられ，外部取締役を過半数にするなどの試行がとられ進められてきた。試験的にその改革が行われている央企に，国資委はまた経営者の査定，賞罰に関する職権を取締役会に与え，各企業はあいついで自社の定款，取締役会の制度，規則，企業共産党委員会と経営管理層との関係などの制度作りを指導してきた。

　2007年12月，中央経済工作会議で政府国務院は，"国有企業における株式制の改革を更に推し進め，近代企業制度を健全化させるよう"という指示を下し，2008年2月の，国資委の『央企取締役会健全化試行状況報告』では，"ここ数

年来央企の試験的改革は成功を収めており，貴重な経験が得られ，国資企業における近代化の遂行および今後企業統治の完全をはかるのに新しい参考となっている"と評価している。

　国資委などは一連の実践を適時に総括し，その後独立取締役，従業員取締役，取締役会における年次報告書提出制度，経営陣の招聘，解任，取締役の報酬，待遇，義務など16に上る企業統治に直接関わる通達などを出し，施行の指導に当たっている。そして外部取締役の招聘については，招聘に関する資格認定委員会を設けるなどで積極的に推し進めてきた。

　2013年，国資委は『2013年央企における全面的なリスク管理に関する通知』を公表し，央企において全面的なリスク管理を促した。要するに，央企は自らの意思によって，国資委に「全面リスク管理年次報告」を報告する義務が講じられた。また，国資委は央企に監査役会の機能発揮も促し，当該企業の経営行動の状況をチェックし監督をするが，なかには企業の経営陣の報告を聴取し，意見を述べるなどが含まれている。

3　完全を期する取締役会制度
①　意思決定と業務執行の分離

　取締役会の役割は，業務執行者の活動について，「審査」，「決定・承認」，「評価」，「監視」を行い，業務執行から一歩離れて，客観的な視点に立つことが本来的な姿である。従来企業における意思決定と業務執行が曖昧で互いに混合していた状況からある程度改善が見られつつある。しかし，監査，監視，執行などが完全に分離されていない状況下では，自己管理，自己査定，自己奨励，自己監督が徹底的に是正されておらず，内部者支配が問題となっていた。いまは，『公司法』に照らして経営陣は取締役会の決議に従い，業務執行の報告を行い，取締役会に責任を負うなどの動きが見られつつあるが更なる工夫が望まれる。

②　取締役会における"一言堂"問題

　一言堂とは，皆の意見に耳を貸さず，自分の意見を押し通すことを指している。取締役と経営陣との相互兼任を止め，取締役会による意思決定と各自の責

任を重視し，意思決定権と業務執行権を分離させ，権限の過度集中を止める，など新しい措置の行使によって取締役会における"一言堂"問題は一定の進展が見られている。しかし，株式会社制度に転換されても旧体制下で温存されてきたこういう"一言堂"が完全解消されていないのは事実である。上下関係，企業内部におけるバランスを保つ牽制メカニズムがうまく起動されず，結果として企業の発展は主として"一人"の素質と状況に左右され，意思決定と経営のリスクは高くなってしまい，"一言堂"問題は根本から解消できていない。

③　偏る外部取締役の構成

独立取締役には中央政府機関の定年者，経済管理など職責部門の定年者，学界・シンクタンクの学者または専門家が招聘されているケースが多く，年齢，知識，国際的な環境に対する認識などが問題視され外部取締役の独立性が問われているのが現状である。

(5) おわりに

国資企業が主導的地位を占めている中国では，計画経済から市場経済への転換の中で，企業における所有権と経営権の分離に伴い国有資産の管理が重要視されると同時に外部監査の重要性も次第に高まりつつあった。

総じて，本章では「中国の企業統治と取締役会」を主題として，企業統治改革の発展状況を3段階の歴史に分けて取り上げ，上場企業の所有構造を明らかにすると同時に成長しつつある中国の機関投資家の発展プロセスと役割を明らかにし，上場企業とりわけ中央管轄企業の取締役会における企業統治などを探ってみた。

改革を通じて，上場会社の独立性は明らかに向上し，取締役会メンバーの多元化が企業統治と内部支配の改善に大きな役割を発揮し，取締役会，監査役会と株主総会の役割が改善され，内部支配に関する制度が整備されつつある。

上場企業とりわけ中央管轄企業の取締役会における企業統治は試行錯誤を重ねながら推進されているが，中国経済のなかで牽引役を果たしている重要な存在であることからその試行が注目を集めている。取締役会の制度改革の方向と

しては意思決定と業務執行の分離，旧体制下で温存されてきた"一言堂"が完全解消されていない点，外部取締役構成の高齢化などの問題が残されている。上場会社における企業統治の改革は『公司法』などの諸関連法に則って進んでいるが，上場会社の経営行動に与えている機関投資家の影響も少なくなく，なお健全な企業統治の構築のためシステムの整備の重要性も探ってきた。企業統治に関してはスタンダードな制度があると考えられているが，むしろ多様な思想と制度があると考えると，中国における企業統治と取締役会の制度および現実の進展は注意深く見守る必要がある。

〔注〕
1) 筆者は，上海・深圳証券取引所の研究レポート，企業統治国際シンポジウム（中国）での各報告，経営・法学分野の学者らの研究論文などを分析したが，おおよそ所有制からの研究，国有企業改革のプロセスに沿う研究，計画経済の展開にともなう研究，近代企業制度を中心とする研究，株式制を中心とする研究が主力で，「政治型ガバナンス」，「契約型ガバナンス」，「制度型ガバナンス」などの説もある。
2) 国営企業は1993年第8期全人代第1次会議によって国有企業に転換。拙稿『中国企業統治論』（2008）学文社81ページ。
3) 近代企業制度には以下の四つの項目が含まれている。①財産権の明確化＝国有か株式会社か，②権力と責任の明確化＝企業／政府の相互依存体質の排除，③行政と企業の責任の明確化＝企業の社会運営の行政への移管，④科学的管理指導体制の確立＝株主総会，取締役会，監査役会，労働組合などの規範化。金山（2000）『現代中国企業の経営管理』同友館112ページ。
4) 中国証監会（2010）『中国上場会社企業統治発展報告』中国金融出版社5ページ。
5) 『機関投資家』http://baike.baidu.com/view/21869.htm Baidu 百科 2012年12月10日アクセス。

<参考文献>
・菊池敏夫・太田三郎・金山権・関岡保二編著（2012）『企業統治と経営行動』文眞堂。
・金山権（2008）『中国企業統治論－集中的所有との関連を中心に－』学文社。
・菊池敏夫・平田光弘・厚東偉介編著（2008）『企業の責任・統治・再生』文眞堂。
・菊池敏夫（2007）『現代企業論 責任と統治』中央経済社。
・金山権（2000）『現代中国企業の経営管理』同友館。

2　中国の企業統治と従業員関係

(1)　はじめに

　企業統治に関する議論が深まるに伴い，その理論の内容も株主価値重視型の企業統治からステイクホルダー（利害関係者）価値重視型の企業統治に転換しつつある。

　企業は社会的組織体であり，企業にはさまざまなステイクホルダーが存在する。企業のステイクホルダーには出資者，経営者，従業員，債権者，顧客，取引先，地域社会，などがある。しかし，これらのステイクホルダーすべてが企業統治に参加することは物理的にも不可能である。

　企業は資本の集合体であると同時に，そこで働いている従業員の集合体でもある。つまり，社会的組織体としての企業の内部者は資本を提供する出資者，人的資本を提供する従業員（経営者を含む）であり，彼らは企業の構成員でもある。特に，企業統治には企業の内部者の関与が重要かつ必要と思われる。

　特に，企業に人的資本を提供する従業員は，企業と運命を共にすることもあり，深く企業にコミットメントしている。企業の発展には内部で働いている従業員の役割が極めて重要である。

　伊丹（2000）は，企業の主権者として従業員を取り上げており，株主は企業に「逃げない資本」を提供するのに対し，従業員は企業に人的資源を提供し，従業員が提供する人的資本は企業の誕生・存在に必要不可欠な資源であることを示唆している。さらに，従業員は企業の盛衰によって最も大きなリスクを担い，企業にコミットメントしているとも指摘している。このような状況から，伊丹（2000）は従業員（ここで指す従業員は，パート，ＯＬを除いたコア従業員に限定している）が株主とともに企業統治に参加することは公平であり，効率性を保つことであると強調している[1]。

　従業員が企業統治に参加[2]することにより，企業内部の労資問題を円滑に解決することが期待でき，効率的な企業運営が可能である。また，従業員が企業統治に参加することにより，一方的に株主利益を強調し，従業員利益が軽視

されることを抑制し，企業の意思決定と監督の透明度を高めることが可能である。

　従業員は経営者をモニタリングするために必要な情報を豊富に持っており，従業員の企業統治の参加は，企業不祥事を早期に発見し，それを防ぐなど企業運営の健全性の確保でも大いに期待できる。

　他方，従業員の企業統治への参加は経営者にとってもメリットがあると考えられる。従業員は会社の第一線に位置しており，担当業務を含め企業経営に関して最も豊富で確実な情報を保有している。企業の経営陣は従業員から企業経営に必要な情報の提供を受けることで，企業の第一線で起こる問題を把握することが可能で，それらの問題を未然に解決することでよりよい企業統治を行うことができると考えられる。

(2) 中国における企業統治と従業員関係－制度面からの考察

　中国の『会社法』(1993年12月29日「公司法」が公布，1994年7月1日より施行。2005年大改正，2006年1月1日より施行。中国語：『公司法』) では，従業員による企業統治への参加を明確に定めている。従業員による企業統治への参加を実現する制度として，従業員代表取締役制度と従業員代表監査役制度がある。この制度は1993年に中国で『会社法』が制定されて以来，一貫して会社制度の構成部分として注目を集めている。

　社会主義国家体制を維持している中国では，企業における従業員の地位を依然として重要視している。従業員代表取締役，従業員代表監査役制度は，従業員に企業経営へ参加権利を，国有企業時代と同じように与えることを保証する目的として導入されたともいえる。

1 『会社法』による企業統治と従業員関係

　中国の『会社法』では，中国国内に設置される会社を大きく有限責任会社（会社の中国名：公司）と株式会社に分類している。『会社法』は，有限責任会社と株式会社に関して，従業員の企業統治への参加をそれぞれ定めている。

　有限責任会社の株主は，その引き受けた出資額を限度として会社に対して責

任を負う。株式会社の株主は，その引き受けた株式を限度として会社に対して責任を負う（『会社法』第1章第3条）。

有限責任会社は主に以下のような特徴を持っている。
① 50人以下の株主が出資して設立する（『会社法』第2章第1節第24条）。
② 登録資本金は，会社登録機関に登録した全株主の引き受けた出資額とする。会社の全株主の初回出資額は，登録資本の20％を下回ってはならず，また，法定の登録資本最低限度額を下回ってはならないものとし，その残りの部分は株主が会社成立日から2年以内に全額払い込まなければならない。有限責任会社の登録資本の最低限度額は，3万人民元とする。法律，行政法規に有限責任会社の登録資本の最低限度額についてより高い規定がある場合は，その規定に従う（『会社法』第2章第1節第26条）。
③ 有限責任会社の株主会は全株主で構成され，株主会は会社の権力機構である。株主は本法により職権を行使する（『会社法』第1章第2節第37条）。
④ 有限責任会社は取締役会（中国語：董事会）を設置し，そのメンバーは3名から13名とする。株主の人数が比較的少ない又は規模が比較的小さい有限責任会社は，執行取締役（中国語：执行董事）1名置き，取締役を設置しないことができる。執行取締役は会社の社長（中国語：经理）を兼任することができる。二つ以上の国有企業又は二つ以上のその他の国有投資主体が投資して設立した有限責任会社は，その取締役会のメンバーに会社の従業員代表がいれなければならない。その他の有限責任会社は，取締役会のメンバーに従業員代表をいれることができる。取締役会の従業員代表は，会社従業員が従業員代表大会，従業員大会又はその他の形式を通じて民主的選挙によって選出する（『会社法』第2章第2節第45条，第51条）。
⑤ 有限責任会社は，監査役会（中国語：监事会）を設置するものとし，そのメンバーは3名を下回ってはならない。株主の人数が比較的少ない又は規模が比較的小さい有限責任会社は1名ないし2名の監査役を設け，監査役会を設置しないことができる。監査役会には株主代表と適切な比率の会社従業員代表を含まなければならない。そのうち，従業員代表の比率は3

分の1を下回ってはならないものとし，具体的な比率は会社定款に定める。監査役会の従業員代表は，会社従業員が従業員代表大会，従業員大会又はその他の形式を通じて民主的選挙によって選出する（『会社法』第2章第2節第52条）。

中国の『会社法』は，有限責任会社に対し，会社の取締役会と監査役会に従業員代表が参加することが求められている。しかし，所有制の形態によって取締役会への従業員参加の内容は異なっている。

有限責任会社の特徴④で述べているように，二つ以上の国有の所有制形態が参加する有限責任会社の取締役会に対しては，従業員代表が取締役会に参加することを強制的に求めているが，その他の有限会社の取締役会に対しては「入ることができる」という表現で留まり，強制的ではないことが分かる。

中国の『会社法』は，従業員代表が企業統治に参加することを制度として保証している。しかし，会社の所有制構造によって従業員代表が取締役会の参加に関する規定は異なる。国有の所有構造の会社に関しては，極めて具体的に定めている。例えば，国有所有構造の会社に関しては，従業員代表が意思決定機関である取締役会のメンバーになることを明確に定められているのである。しかし，それ以外の所有制形態，例えば民営企業の会社形態に関しては強制的ではない。つまり，『会社法』は民営企業と国有企業において，従業員代表が企業統治に参加することに関して温度差があることが分かる。このように所有制構造に対し，『会社法』による異なる法規制は中国の特徴ともいえるだろう。

次に，株式会社について考察する。株式会社は主に以下のような特徴を持っている。

① 株式会社を設立するときは，2人以上200人以下の発起人がいなければならない。そのうち半数以上の発起人は中国国内に住所を有していなければならない（『会社法』第4章第1節第79条）。

② 株式会社を発起設立方式により設立する場合，その登録資本金は会社登記機関に登記する全発起人が引き受ける資本総額とする。会社の全発起人の初回出資額は登録資本の20%を下回ってはならず，その残りの部分は発

起人が会社成立日より2年以内に全額払い込む。株式会社を募集設立方式により設立する場合，その登録資本金は会社登記機関に登記する際に払い込まれた資本総額とする。株式会社の登録資本の最低限度額は500万人民元とする。法律，行政法規で株式会社の登録資本の最低限度額についてより高い規定がある場合は，その規定に従う（『会社法』第4章第1節第81条）。

③　株式会社の株主総会は全株主によって構成される。株主総会は会社の権力機関であり，本法により職権を行使する（『会社法』第4章第2節第99条）。

④　株式会社は取締役会を設置し，そのメンバーは5人から19人とする。取締役会のメンバーには，会社の従業員代表を入れることができる。取締役会の従業員代表は会社の従業員が従業員代表大会，従業員大会又はその他の形式を通じて民主的選挙により選出する（『会社法』第4章第3節第109条）。

⑤　株式会社は監査役会を設置し，そのメンバーは3名を下回ってはならない。監査役会は，株主代表と適切な比率の会社の従業員代表を含めなければならない。そのうち，従業員代表の比率は3分の1を下回ってはならず，具体的な比率は会社定款に定める。監査役会の従業員代表は，会社従業員が従業員代表大会，従業員大会またはその他の形式を通じて民主的選挙によって選出する（『会社法』第4章第3節第118条）。

中国の株式会社は日本の株式会社と同様に，株主が資本を提供し，株主の利益のための制度として，株主総会が規定され，関連して取締役会，監査役会の権利・義務が定められている。一方，中国の株式会社では日本や米国と異なり，従業員代表が監査役会に参加することが求められている。従業員代表の監査役会への参加は中国の株式会社の企業統治の重要な特徴の一つともいえる。中国の『会社法』第118条には「監査役会は，株主代表と適切な比率の会社従業員代表を含めなければならない。従業員代表の比率は3分の1を下回ってはならず，具体的な比率は会社定款で規定する。監査役会の従業員代表は，会社従業員が従業員代表大会，従業員大会またはその他の形式を通じて民主的に選出する。」と定めている。

中国の株式会社において，従業員代表のトップ・マネジメント組織である

Chapter Ⅲ　企業統治と取締役会－東アジアを中心に－

監査役会への参加は，ドイツの企業統治の中心的制度である「共同決定法」（Mitbestimmungsgesetz）を参考にしたものと考えられる。「共同決定法」によって，ドイツ企業では労働者が会社の統治に参加する権利が法的に認められているのである。中国でも，『会社法』という法制度を背景に従業員が企業統治に関与する環境が整っている。

他方，中国の上場会社における従業員代表の監査役会への参加の性質はドイツの共同決定法と根本的に異なるといえる。その性質の違いの根源は企業統治構造に帰結するといってよい。

ドイツの企業統治において，監査役は株主総会によって任命される。監査役会は経営の監督を担当するとともに執行役会のメンバーを任命する権限を有する。さらに，執行役会は最重要決定事項について監査役会の承認が必要である。取締機関である監査役会は経営執行機関である執行役会の上位に位置しており，強力な権限を有しているのである。このような取締機関である監査役会への労働者の参加は，労働者が企業の意思決定に参加して，企業資産をコントロールする権利，利益の分配権を持つ権利を有し，これらを利用して労働者の権益を守ることができるのである。

これに対し，中国の企業統治構造では，監査役会と取締役会は並行的な機関で，取締役会は意思決定機関で，決算案，利益分配案などを作成する権限を有し，監査役会は取締役会に対して監督を行う機関である。監査役は取締役会の意思決定に関与せず，意思決定事項に対して議決権も有してない。

一方，中国の会社法では，従業員代表の監査役会への参加制度のほか，従業員代表の取締役会への参加制度も定められている。中国の『会社法』第109条では，「取締役会の構成員に会社の従業員代表をいれることができる。」と定めている。従業員代表の取締役会への参加は監査役会と異なって，強制的ではない。しかもその人数に関しても明確に定められていないのである。つまり，中国の企業統治において，従業員代表のトップ・マネジメント組織への参加は意思決定機関である取締役会より監査機関である監査役会に重きをおいていることが伺える。中国の企業統治において，従業員代表への期待はドイツの「共同

67

決定法」と異なり,意思決定への参加による従業員権益の保護よりもむしろ監督による従業員権益の保護を目的としていると思われる。

　株式会社はさまざまなステイクホルダーの利益を考慮しなければならない。従業員はそのステイクホルダーの重要な一員でもある。会社の監督機関である監査役会に出資者以外の従業員代表が参加することは,会社の重要なステイクホルダーである従業員の意向を企業統治に反映させることを実現するためともいえるだろう。トップ・マネジメント組織である監査役会における従業員代表の参加は,アングロサクソン型のように株主優先を強調する企業統治がもたらした問題,特に中国における支配株主による統治がもたらした問題を少しでも回避でき,会社の一体感を向上させる効果が期待できる。さらに,国営・国有企業時代から中国の企業経営は国家社会主義などの体制・制度を反映しているもので,従業員は企業の主人公という地位を確保してきた。従業員の監査役会への参加は社会主義という政治体制を維持している中国で従業員は,会社の「主人公」という地位を実現する手段の一つともいえるだろう。

2　企業統治における従業員代表取締役,従業員代表監査役の役割

　中国の『会社法』では,従業員代表の取締役会への参加を定めたものの,従業員代表取締役の役割,従業員代表が取締役会への参加の目的,その意義については定めていない。

　一方,国務院国有資産監督管理委員会は2006年に「国有独資公司取締役会試点企業従業員取締役管理方法（試行）」を,2009年に「従業員取締役職責履行管理方法」をそれぞれ公布し,より詳細に従業員代表取締役について定めている[3]。

　2006年3月の国務院の「国有独資公司取締役会試点企業従業員取締役管理方法（試行）」の通達から国務院国有資産監督管理委員会の傘下にある国有独資会社（有限責任会社の一種類）の従業員代表取締役の役割は以下のようにまとめられる。

①　従業員代表取締役は従業員を代表して,取締役会に参加し職権を行使する。従業員代表取締役は会社の他の取締役と同等な権利を享受し,相応の

Chapter Ⅲ　企業統治と取締役会－東アジアを中心に－

義務を負う。
② 取締役会の会社の重大な問題の協議・決定において，従業員代表取締役が意見を述べる際には，出資者，会社と従業員の利益関係を充分に考慮しなければならない。
③ 取締役会で従業員の密接な利益と関わる問題を協議・決定する際に，従業員代表取締役は事前に会社の労働組合（中国語：工会）と従業員の意見を聴取し，それを全面的かつ正確に報告し，従業員の合法的権益を守らなければならない。
④ 取締役会で生産・経営に関わる重要問題，重要な規則制度の制定を協議・決定する際に，従業員代表取締役は会社の労働組合と従業員の意見・提案を聴取し，取締役会に報告しなければならない。

　また，その責任として，①従業員代表取締役は定期的に従業員代表大会あるいは従業員大会で従業員取締役の職責履行状況を報告し，監督，質問，考課を受けること，②取締役会の決議が法律，行政法規あるいは会社定款に違反し，会社に深刻な損失を与えた場合，決議に参加した従業員代表取締役は関連の法律法規と会社定款の規定に沿って，賠償責任を負うこと，③従業員代表大会または従業員大会で報告を怠ったり，取締役会に２回連続欠席または不委任を出したりした場合は罷免することもできるとされている。

　従業員代表取締役は他の取締役と同等な権利を享受しているが，特に従業員の意見・提案を聴取し，取締役会に報告するなど従業員の代弁者として，企業経営の参加よりも従業員の権益を守ることが最大の役目であるといえる。ただし，従業員の権益を守るにしても，出資者である国有資産監督管理委員会，企業との利益関係を充分に考慮することが求められている。つまり，従業員代表取締役は従業員代表者として，従業員の権益を守る前提として，従業員権益のみ考えるのではなく，国有資産監督管理委員会と企業の利益も考えることが求められているのである。また，従業員代表取締役は従業員の権益を守るのが最大の役目とはいえるが，その責任は，従業員の権益に留まらず，企業経営に関する重要な責任をも追及されるなど極めて厳しい責任が負わされていることが

69

分かる。

　また，地方的法規として2006年9月には内モンゴル自治区で「内モンゴル自治区会社従業員代表取締役，従業員代表監査役の条例」が公布された。この条例は内モンゴル自治区の行政区域における従業員代表取締役，従業員代表監査役を設けなければならない有限責任会社と株式会社を対象に制定されたものである。

　本条例では，従業員代表監査役の権利を次のように定めている。
① 会社による従業員の実際利益に関する法律，法規及び会社定款の執行する状況をチェックする。
② 会社による従業員の各種保険金の支払い，労働組合の経費の支出状況，従業員の報酬，福利，労働保護，社会保険等の制度を執行する状況を定期的に監督・チェックする。
③ その職責に関する会社の行政的会議と生産経営に関する重要な会議に出席することができる。
④ 上級の労働組合，関連する部門と機関に関連する情報を報告する。
⑤ 『会社法』と会社の定款に定められるその他の権利を遵守する。

　従業員代表監査役の権限は監督・監査であるが，主に従業員の福祉厚生，従業員の利益に関する監督・監査・検査に重点を置いていることが分かる。また，従業員監査役は労働組合等と緊密な連携を図りながら，監査役会の一連の情報を労働組合へ，また労働組合の情報を監査役会へ，報告することが求められている。

　他方，本条例では従業員代表監査役の義務について以下のように定めている。
① 法律，法規と会社の経営生産状況を熟知し，法律に沿って職責を履行する能力を高める。
② 従業員の意見，提案を随時または定期的に聴取し，取締役会，監査役会の意思決定にその根拠を提案する。
③ 会社と従業員の利益を保護し，取締役会と監査役会において従業員の実際利益に関わる重大問題と事項を検討する際に，明確な意見と主張を提出

する。

④ 従業員代表大会の関連する活動に参加し，従業員代表大会の関連する決議を執行する。取締役会会議，監査役会会議において，従業員代表大会の関連する決議に沿って意見を発表する。

⑤ 従業員代表大会に定期的に職務の履行状況を報告し，また，従業員代表の質問を受け，従業員代表大会と従業員の監督を受ける。

⑥ 『会社法』と会社の定款に定められるその他の義務を遵守する。

従業員代表監査役は，他の監査役と同様に『会社法』と会社の定款に定められるその他の義務を負うと同時に，従業員代表大会，または従業員に対しも責任を負わなければならない。特に，従業員の監督を受けることが求められている。それ以外に，従業員代表監査役は業務能力を高めることや従業員利益の代弁者として従業員の意見，提案を速やかに経営陣に反映することが求められている。総じて，従業員代表監査役は従業員の利益保護に力点を置き，経営陣には従業員の意見，提案を，従業員には経営陣の情報を提供することにより，経営陣と従業員の間にスムーズにコミュニケーションが行われるように，仲介の役割を果たすことが求められるのである。

3　中国の企業統治と従業員関係－運営面からの考察[4]

中国の『会社法』では，株式会社において従業員代表監査役を設けることを求めている。

次に，中国の上場会社150社を取り上げ，従業員代表監査役の実態について考察していきたい。図表Ⅲ－5は中国の上場会社150社における従業員代表監査役の状況である。

上場会社150社において，54％の上場会社は従業員代表監査役を設けていないことが明らかになった（図表Ⅲ－5参照）。つまり，半数以上の上場会社は『会社法』で定められている従業員代表監査役を設けていない。従業員代表監査役を設けている会社のうち，従業員代表監査役の人数が1名の上場会社が最も多く，その次に2名の上場会社である。つまり，大多数の会社の従業員代表監査役の人数は1～2名である。

図表Ⅲ-5　上場会社150社における従業員代表監査役状況

人数	従業員代表監査役	
	会社数（社）	150社に占める割合（％）
0	81	54
1	35	23.3
2	29	19.3
3	4	2.7
4	1	0.7

出所：2010年の各社の「年次報告書」により筆者作成（150社のサンプルはランダム方式で選定した。その内訳は上海証券取引所の上場会社88社，深圳証券取引所の上場会社62社である。業種別では製造業81社，運輸・輸送業17社，不動産業12社，エネルギー業8社，卸売業5社，小売業5社，情報・通信業4社，金属鉱業4社，サービス業4社，金融・保険業3社，宿泊・飲食業3社，農林水産業2社，建設業1社，旅行業1社である）
注：小数点1位未満四捨五入。

　図表Ⅲ-6は，上場会社150社における従業員代表監査役の兼務状況である。この図表から分かるように，従業員代表監査役の9割以上（91.74％）は職務を兼務している。従業員代表監査役は他の業務を遂行しながら，監査役という職務を全うするのが中国の上場会社の一般的な構図ともいえる。

　従業員代表監査役の兼務状況を主に三つの側面から考察したい。その三つの側面とは，大株主における兼務，当該会社以外における兼務，当該会社における兼務である。

　大株主における兼務は筆頭株主での兼務のみであることが分かる（図表Ⅲ-6参照）。全体の従業員代表監査役の1割弱（8.9％）は筆頭株主において職務を兼務している。すなわち，一部の上場会社では従業員代表監査役は筆頭株主と何らかの関係を持っていることが伺える。筆頭株主における兼務状況を見た場合，最も多い職務形態は筆頭株主における経営陣であることが分かる。中国の上場会社には，ごく一部とはいえ，筆頭株主の経営に携わりながら，出資先の会社で従業員代表として監査役に参加している企業も存在しているのである。このような「従業員代表監査役」は真の従業員の代弁者といえるだろうか。こ

Chapter Ⅲ 企業統治と取締役会－東アジアを中心に－

図表Ⅲ－6 従業員代表監査役の兼務状況

兼務先	兼務職務	人数	従業員監査役全体に占める割合(%)
筆頭株主	経営陣	4	3.67
	党の幹部	2	1.83
	労働組合（副）主席	3	2.75
	財務・証券・法律関係	2	1.83
	合計	9	8.26
当該会社以外	経営陣	8	7.34
	幹部	2	1.83
	財務・証券・法律関係	3	2.75
	監事	3	2.75
	労働組合（副）主席	1	0.92
	政府関係者	1	0.92
	中間管理者	1	0.92
	合計	16	14.68
当該会社	経営陣	16	14.68
	幹部	37	33.94
	財務・証券・法律関係	13	11.93
	党の幹部	12	11.01
	労働組合（副）主席	11	10.09
	中間管理者	4	3.67
	総工程師	1	0.92
	技術員	1	0.92
	合計	75	68.81
合計（全体）		100	91.74

出所：2010年の各社の「年次報告書」により筆者作成（内訳は図表Ⅲ－5と同様）。
注①：職務は多項選択で，兼務も含まれる。そのため，職務に占める人数と合計人数が一致しないことがある。従業員代表監査役の総人数は109名である。
注②：小数点2位未満四捨五入。

れらの「従業員代表監査役」は従業員利益の保護という本来の従業員代表監査役の真の役割を十分に果たせるとは言いにくい。

従業員代表監査役の当該会社以外の職務の兼務は14.68％で，筆頭株主と当該会社以外での兼務状況は全体の従業員代表監査役の22.94％を占めている（図表Ⅲ-6参照）。

従業員代表監査役の職務兼務状況で，最も多いのは当該会社での兼務である。当該会社での兼務は従業員代表監査役の68.81％である。つまり，7割弱の従業員代表監査役は当該会社において，従業員代表監査役以外の職務を兼務している。その職務を詳しくみると，当該会社の幹部という職務が最も多く，その次に経営陣と思われる。財務・証券・法律関係は3番目に多い（図表Ⅲ-6参照）。

このような状況から，中国では従業員代表監査役における従業員の定義は広くとられ，会社の重要なポストを担当する上級管理職まで含まれていることが分かる。従業員代表監査役として選出される従業員代表の多くは会社で一定のポストを持っている従業員である。また，14.68％の従業員代表監査役は会社の経営陣とも思われる。会社の経営に携わりながら，従業員代表として監査役に参加することは，本来の従業員代表監査役に求められる役割を十分に果たすとは考えにくい。

従業員代表監査役は，会社の従業員として他の職務を兼務しており，監査役という職務は従業員の兼職に過ぎないかもしれない。従業員代表監査役は，会社の内部人間であることが経営陣の制約を受けやすいことでもある。このような状況により，従業員代表監査役が職権を履行する場合，会社の大株主や経営陣と対立することにより，不安を感じる要素にもなりかねない。

(3) おわりに

従業員代表がトップ・マネジメント組織への参加に関しては，否定意見も存在する。従業員代表の選出における多大なコスト，意思決定の非効率化などの指摘である。しかし，従業員代表のトップ・マネジメント組織への参加は従業

員の利益の保護に，大いにプラスになることは間違いないと思う。

中国の上場会社においては，従業員代表取締役，または従業員代表監査役の具体的な選挙プロセスの欠如，従業員代表取締役，または従業員代表監査役の職責に関する不明確な問題が存在する。

一方，従業員代表取締役，または従業員代表監査役は会社の従業員であると同時に，取締役，または監査役をも兼任している。会社の従業員として，労働者利益を代表して経営陣または株主に対し，どこまで従業員代表取締役，従業員代表監査役として自分の意見を主張できるのだろうか。従業員代表取締役，従業員代表監査役と経営陣が対立した場合，従業員代表取締役，従業員代表監査役の利益に不利な影響が生じることも十分に考えられる。例えば，経営陣から減給，降格，さらに解雇されることもあり得る。

このような状況で，従業員代表取締役，または従業員代表監査役は真に従業員利益のために経営陣，または大株主と対立しながらも，一方では如何に共同歩調をとるかが疑問を感じるところである。つまり，従業員代表取締役，または従業員代表監査役に関して法律的に十分な保障がない限り，十分な役割を果たせるとは考えにくいのである。

従業員代表取締役と従業員代表監査役が企業統治において，十分な役割を果たすためには権利と義務とを明確に定める必要がある。従業員の重大な利益に関する問題に関しては，従業員代表が従業員を代表して，法律に沿って参与権と監督権を行使することを具体的に明確に制度として確立すべきである。

従業員代表取締役と従業員代表監査役が従業員を代表して意見を述べたとしても，不利な立場に置かれないように保障制度の確立も必要不可欠と思われる。

〔注〕
1) 伊丹敬之（2000）『日本型コーポレートガバナンス－従業員主権企業の論理と改革－』日本経済新聞社21～22ページ，28ページ。
2) 従業員が企業統治に参加する方法として，主に二つが挙げられる。一つは，従業員が株式会社のトップ・マネジメント組織である取締役会，または監査役会への参加で，それを通じて意思決定，及び監督・監視に影響を及ぼすことである。もう一

つは，企業の所有及び成果への従業員の参加である。具体的例として，従業員持株制度である。菊池敏夫・平田光弘（2000）『企業統治の国際比較』文眞堂123ページ。ここでは前者に重点をおいて進めていきたい。
3) 国有独資公司の従業員代表取締役に関しては，董光哲（2011）「中国国有独資公司の企業統治に関する考察－国有独資公司の董事会，監事会の選出と構成を中心に－」『経営行動研究年報』第20号2011年7月31日54～61ページを参照した。
4) この点については，董光哲（2013）「中国の上場会社における監査役の内部的性格に関する研究－上場会社サンプル150社の分析を中心に－」『経営哲学』経営哲学学会　第10巻2号2013年8月31日46～67ページを参照した。

＜参考文献＞
・伊丹敬之（2000）『日本型コーポレートガバナンス－従業員主権企業の論理と改革－』日本経済新聞社。
・加護野忠男・砂川伸幸・吉村典久（2010）『コーポレート・ガバナンスの経営学－会社統治の新しいパラダイム－』有斐閣。
・金山権（2008）『中国企業統治論－集中的所有と関連を中心に－』学文社。
・菊澤研宗（2004）『比較コーポレート・ガバナンス論－組織の経済学アプローチ－』有斐閣。
・菊池敏夫・平田光弘（2000）『企業統治の国際比較』文眞堂。
・朱慈蘊（2011）「中国会社法における従業員監査役制度」『監査役』No.589　2011.9.25。
・董光哲（2011）「中国国有独資公司の企業統治に関する考察－国有独資公司の董事会，監事会の選出と構成を中心に－」『経営行動研究年報』経営行動研究学会　第20号2011年7月31日。
・董光哲（2013）「中国の上場会社における監査役の内部的性格に関する研究－上場会社サンプル150社の分析を中心に－」『経営哲学』経営哲学学会　第10巻2号2013年8月31日。

「中華人民共和国会社法」の日本語訳に関しては，日本貿易振興機構（ジェトロ）上海センター編（2008年7月）を参照した。

❸ 韓国の企業統治と取締役会

1 はじめに

　企業経営の透明性（transparency）と効率性（efficiency）を高めるためには，企業統治システム（corporate governance system）が必要であり，そのシステムの機能が十分に機能しなければならない。

　企業の統治構造は，大きく分けて，内部規律（internal discipline）である内部統治構造としての会社機関による監視機能と外部規律（market discipline）である外部統治構造としての市場による監視機能に分けることができる。企業内部統治構造としての会社機関，とりわけ，経営者の執行活動をもっとも直接に監視・牽制できる位置にある「取締役会」の制度およびその運営が企業統治の確立に重要な役割を担っていることは言うまでもない。

　韓国企業においても，同様，企業内部の監査機関として，会社機関の中でも，取締役会（韓国においては，理事会という）の制度および運営が重要である。

　したがって，本章では，韓国上場企業を対象に，第1に，韓国企業の会社機関の構造の問題を指摘し，第2に，韓国上場企業の会社機関構造の変化について述べ，第3に，取締役会制度の改革として，社外取締役（社外理事）制度および監査委員会制度の現状と課題を検討し，韓国企業の企業統治と取締役会についての理解を深めていきたい。

2 韓国の会社機関の制度的構造と問題

(1) 会社機関の構造

　韓国の会社機関構造は，韓国の商法および会社法に基づいている。

　韓国の会社法は，1962年まで第2次世界大戦後も植民地時代の日本の商法をそのまま適用していたが，1963年になり，旧商法を再編する一方，日本の1950年の商法を参考にして新商法を制定した。日本の会社法と同じように，商法典の一部（第3編）になっており，会社編の内容も合名・合資・株式・有限会社

の4種で構成され，韓国商法は1962年1月20日に制定，1963年1月1日から施行された。これが基本的な商法で，全文5編（総則・商行為・会社・保険・海商）と補則で構成されている。その後も数回にわたって改正されている。

　韓国の会社機関としては，株主総会，取締役会，監査役，代表取締役がある。株主総会は，「株主で構成され，会社の基本的事項に関して会社の意思を決定する必要常設機関」としての最高意思決定機関である（商法361条）。取締役会は，「会社の業務執行に関する意思決定および取締役の職務執行を監督する権限を有し，取締役全員で構成される株式会社の必要常設機関」であり（商法383条），監査役は「取締役の業務執行を監査し，また，会計を監査する権限を有する株式会社の必要常設機関」である（商法412条）。これらの会社機関がガバナンスの役割を果たすこととなっている。代表取締役は「対内的には会社の業務執行を行い，対外的には会社を代表する二つの権限を持つ株式会社の必要常設の独立的機関」（商法383条）である。1999年に商法が改正される以前の制度的構造は，日本の会社機関構造とほぼ同様であった。

(2) 会社機関の問題
① 株主総会の形骸化

　株主総会は企業において最高意思決定機関であり，取締役・監査役に対する任免権を有し，合併，営業譲渡，定款変更，新株発行など会社の重要な事項についての意思決定権をもっている。したがって，株主総会がその機能を果たしていれば，企業経営活動に対し監視・牽制の機能は効果的に発揮されるはずである。

　しかし，株主総会は名目上の行事に留まっており，経営監視機構としてその機能を発揮していないのが，事実である。上場企業の株主総会の開催日を見ると，約95％が3月中に開催しており，特に3月の第3週と第4週の金曜日に60％以上の上場企業の株主総会が開催され，特定期間，特定日に集中している傾向が強くみられる。このように株主総会の開催日が集中していることは，会社とその支配株主が少数株主の参加を制限していることを意味している。大企

Chapter Ⅲ 企業統治と取締役会－東アジアを中心に－

業グループの場合，大部分の創業者およびその家族が支配的株式持分を保有し，経営権を掌握している[1]。そのため，株主総会において大株主以外の少数株主の発言力は影響力を持ちにくい。また，機関投資家も，会社の提案に対して支持する程度の役割しかなく，機関投資家の活動は極めて弱いことも問題である。

② 取締役会の監視機能の不在

韓国では株式会社の業務執行機関は取締役会と代表取締役になっており，取締役会は業務執行と経営監督機能を兼ねる。商法上，株式会社（資本金5億ウォン未満の会社は例外）は3人以上の取締役で構成される取締役会を置かなければならない。この取締役会は会社のすべての業務執行に関する意思決定の権限をもつ（商法383条）。

しかし，韓国の株式会社において，取締役会は上場企業の場合でも支配株主（controlling shareholder）[2] および所有経営者（owner manager）が会長，代表取締役，または非常勤取締役の名称で取締役会の構成員として参加し，経営権を行使している。2002年度の上場企業の代表取締役631名のうち企業の創立者およびその家族が232名（36.8%）と最も多く，韓国大企業での経営意思決定において所有経営者が最終権限を持つ比率においても役員の人事権では79%，新規事業の投資決定では66%，海外進出決定では55%を占めており，韓国大企業における重要な経営意思決定は，所有経営者によって行われている[3]。また，1998年度の上場企業の取締役会構成比率をみると，内部昇進者が63%，親族関係にある者が12%，外部者（社外取締役とは違って，当該会社と利害関係にある政府，銀行，取引会社などから選任されて来た者）が22%，社外取締役が3%で構成されている[4]。このように支配株主である所有経営者が取締役の選任に実質的な権限を行使しているため，取締役の独立性が欠如しており，彼らによる監視機能はほとんど機能していない。

さらに，1996年から1998年までの1兆ウォン以上の企業における平均取締役数は約26名と企業の規模が大きければ大きいほど取締役会の人数も多い。

上記のように，韓国の取締役会の問題点は，第1に，取締役会を構成する取締役の人数が多いこと，第2に，最大株主等[5] によって取締役の選任が左右

79

されること，第3に，取締役が執行活動と監視機能を兼ねていること，第4に，所有経営者に権限が集中しており，取締役会の運営が形式的になされていることである。

③　監査役（会）の独立性の欠如

監査役は会計および業務の監査を任務とする株式会社に必要とされる常設機関であり，度重なる改正商法によって監査役に会計監査だけではなく業務監査権も認め，任期を延長するなど監査役の地位が強化された。

しかし，大企業の所有経営者と特殊な関係にある者及び従来その会社の使用人であった者を常勤監査役に選任するケースが多い。例えば，1995年の調査によると大株主および取締役会によって選任される監査役の比率が93％である。このように選任された常任監査役は独立性を喪失し，監査業務を遂行することは困難になる。監査役の問題点も取締役会と同様，第1に，監査役が取締役会および代表取締役から独立していないこと，第2に，監査役の選任が代表取締役によって実質的になされており，監査役の独立性が欠如されていることである。

3　韓国の会社機関構造の変化

このように経営者の執行活動に対する監視・チェック活動を行わなければならないトップ・マネジメント（Top Management）が，絶大な経営権および支配権を有する支配株主・所有経営者の執行活動を監視することはなかった。韓国企業の会社機関はガバナンスの観点から多くの問題を抱えており，形式的に存在するのみで，その機能は全く機能していなかった。こうした問題の改善を目的として，制度的見地から再構築をはかるために1998に商法の改正が行われた。

1997年の経済危機以後，非効率的かつ不透明な経営などが原因で，多くの大企業が相次いで破綻したことをきっかけに，企業統治改革が行われた。その経済危機の根本的な原因は，企業の内部規律および外部規律による企業統治機能の欠如であると言われている。韓国企業の企業統治問題は，オーナー経営体制という経営環境の中で，所有経営者に対する執行活動の監視・監督が行われ

ていないことである。このような問題を解決するために，ＩＭＦ（International Monetary Fund：国際通貨基金）やＯＥＣＤ（Organization for Economic Cooperation and Development：経済協力開発機構）等外部からの強い要求を受け，政府主導下で，企業経営の透明性を向上させるために本格的な企業統治の改革が推進された。

韓国で行われたコーポレート・ガバナンスの改革の主要内容として，次の四つが挙げられる。第1に，株主権利を保護する目的として，少数株主権の強化や支配株主の責任強化，機関投資家の議決権の認定が行われた。支配株主の責任強化として，事実上の取締役（de facto directors）の制度[6]を導入した（商法401条）。第2に，取締役会の制度改革として，1998年の有価証券上場規定による全上場企業の社外取締役の導入義務化（4分の1以上，1人以上）と1999年の改正商法415条による監査役に代替できる監査委員会制度を導入した。このような取締役会の制度の改革は，経営者の執行活動に対する監視機能を強化し，経営の透明性を向上させることを目的に，アメリカ型のガバナンス・システムを取り入れたものである。第3に，企業会計の透明性を高めるために企業会計制度（企業会計基準の改正，外部監査強化，「企業集団結合財務諸表」の作成）および開示「公正開示」（fair disclosure）制度（四半期報告書の開示）を強化した。第4に，市場規律を強化するための改革には，Ｍ＆Ａ関連各種規制の廃止，外国人の株式投資限度の廃止などがある。

このなかで，会社機関構造の変化として注目すべき点は，第1に，全上場企業の「社外取締役の導入の義務化」（4分の1以上，1人以上）と第2に，監査役に代替できる「監査委員会制度の導入」（商法415条）という取締役会の制度改革である。

(1) 取締役会の制度的変化

社外取締役の制度の導入は，1998年の有価証券の上場規定によって，初めて全ての上場企業に対して取締役数の4分の1以上，1人以上の社外取締役を選任するように義務化され，1999年の改正商法では，取締役会内委員会の設

置，監査役の代わりに監査委員会の設置の選択を可能にし，監査委員会を設置する場合は，3分の2以上を社外取締役で構成するようにし，2000年の改正証券取引法[7]では，2兆ウォン以上の大規模の上場企業は社外取締役を3人以上，取締役総数の過半数の選任を義務化した。このように韓国の会社機関構造の改革は，社外取締役の制度の導入を中心に行われ，会社機関構造が大きく変わった。

① 社外取締役制度

商法においては，上場企業は社外取締役を取締役総数の4分の1以上にしなければならない（商法542条）。ただし，資産が2兆ウォン以上の大規模の上場企業は社外取締役を3名以上，取締役数の過半数を社外取締役に選任しなければならない。この場合，社外取締役を選任するには，過半数以上が社外取締役で構成される「社外取締役候補推薦委員会」を設置し，この委員会から推薦を受けた者から選任しなければならない（商法542条）。

銀行法においては，社外取締役を3人以上，取締役総数の過半数を社外取締役に選任しなければならない（銀行法22条）。

最近は，上場企業の社外取締役の兼職限度について兼職を最大2社までと制限するとともに社外取締役の欠格要件についても，「当該上場企業以外の2つ以上のほかの会社の取締役・執行役員・監査役として在職中の者」を新たな欠格要件として取り入れ，社外取締役がその役割を十分に遂行できるように厳格に規制を強化した（2012年4月，商法施行令34条）。

② 取締役会内委員会

商法では，株式会社の取締役会は定款が定めるところにより取締役会内委員会を設置することができる（商法393条）。その委員会の構成は2人以上の取締役となっている。つまり，「監査委員会」および「社外取締役候補推薦委員会」以外の各種委員会を設置する場合は，社外取締役を選任する必要はなく，会社の定款によって各種委員会を設置することができる。

③ 監査委員会

従来の商法上，株式会社の監査機関としての監査役の権限は，取締役の職

務の執行を監査することである（商法412条）が，ほとんど機能しなかった，監査委員会は，株式会社の監査制度の問題を改善すべくアメリカの監査委員会（audit committee）制度を取り入れる形で，経営監督機能を活性化させることを目的に監査委員会を制定した。

監査委員会に関する商法は，会社の定款によって取締役会内委員会として監査役に代替できる一般監査委員会（商法415条）と大規模（資産規模2兆ウォン以上）の上場企業が義務的に設置しなければならない特例監査委員会（商法542条）に分けている。

一般監査委員会は，商法第415条によって設置される監査委員会をいう。これは，すべての株式会社に適応する規定である。その構成は，3名以上の取締役の内，3分の2以上は社外取締役で構成されなければならない。監査委員会の選任は，取締役会で行われる。

特例監査委員会は，商法第542条によって設置される監査委員会をいう。これは，上場企業のみに適応される。監査委員会の委員の1人は，会計または財務専門家であり，監査委員会の代表は，社外取締役が務めなければならない。また，監査委員会の社外取締役の選任は，社外取締役候補推薦委員会の推薦を受け，株主総会で選任される。

なお，2011年の改正商法では，中規模（資産規模1千億ウォン以上2兆ウォン未満）の上場企業は，必ず，監査役を設置しなければならないが，監査役の代わりに監査委員会を設置する場合は，大規模の上場企業と同様，特例監査委員会を設置することを明文化した（商法542条)[8]。すなわち，「株式会社」が会社の定款によって監査委員会を設置する場合は，一般監査委員会を設置し，「中・大規模の上場企業」が監査委員会を設置する場合は，特例監査委員会の設置を義務づけ，中・大規模の上場企業にはより厳格な設置要件を定め，監査委員会の独立性および機能を強化させた。

なお，監査委員会の任期は，会社の定款により，定めることができるが，定款で定めがない場合は，取締役の任期（3年）までとし，2兆ウォン以上の上

図表Ⅲ－7　上場企業の規模別監査役および監査委員会の設置義務

上場企業の規模	監査役または監査委員会の設置義務
小規模（資産総額1千億ウォン未満）	監査役および監査委員会の設置義務なし
中規模（資産総額1千億ウォン以上2兆ウォン未満）	監査役の設置義務化 監査役の代わりに特例監査委員会を設置可能
大規模（資産総額2兆ウォン以上）	特例監査委員会の設置義務化

出所：韓国上場会社協議会（2011）『上場』2011年8月号81ページより，筆者作成。

場企業の社外取締役数が不足する場合や監査委員会を設置しない場合は，上場が廃止されることになる。

　このように1999年の改正商法は，社外取締役制度と監査委員会制度を導入し，取締役会制度の改革を通じて監査機能を強化し，2011年の改正商法では，大規模の上場企業に加えて，中規模の上場企業においても特例監査委員会の設置を義務化し，中規模の上場企業の監査機能を強化させ，韓国の独自の監督モデルを再整備したといえる。

(2) 取締役会の現状と課題

　企業統治改革の核心であった社外取締役制度および監査委員会制度の導入が施行されているが，実際，韓国の上場企業においては，それらの制度がどのように運営されているのか，その現状と課題を検討してみよう。

　① 社外取締役

　社外取締役の導入状況をみると，2002年度の上場企業の平均取締役数は6.14人に対し，平均社外取締役数は2.03名である[9]。全上場企業の社外取締役の導入（4分の1以上）と2兆ウォン以上の上場企業における2分の1以上の社外取締役の導入が義務化された結果，全体の取締役の内，社外取締役が占める割合が98年の11.4％から2002年33％にまで増加している[10]。また，2010年8月時点での韓国の有価証券市場の上場企業の社外取締役の選任状況をみると，710社（約99.0％）の上場企業が社外取締役を1社当たり平均2.4名選任している。社外取締役数をみると1名が35％と最も多く，2名が31％，3名以上が34％を

占めている。社外取締役数は1名から5名以上まで、企業間の差異は大きいものの、3名以上の社外取締役を選任している上場企業が2005年の26％から2010年の34％に増加しており、上場企業において社外取締役制度の導入は定着しつつあるといえるであろう。

　韓国上場会社協議会が上場企業の役員・職員、社外取締役、社外取締役人力バンク登録者を対象に2009年に行った「社外取締役制度の運営実態および改善に対するアンケート調査結果」によると、社外取締役を選任する際に、最も考慮されるものは、「専門性」であり、次に「独立性」であった。また、社外取締役に対する会社の情報提供については、会社の重要な情報がある場合のみ、提供するが47％、定期的に提供するが32％であった。社外取締役が当該会社の経営に対して意思決定をするためには、その会社の経営に対する情報や専門的な知識が必要である。社外取締役がそれらを得るためには、会社側による積極的な会社の情報提供と会社の情報を確保するための社外取締役の努力が必要不可欠となる。

　社外取締役の推薦は、最大株主と特殊関係人、または、経営陣によって推薦されることが多く、候補者との関係は、学縁や地縁が48％、推薦者と関係なく独立的な推薦が25％である。このように社外取締役の推薦が最大株主と特殊関係人の影響を受けており、社外取締役の真の独立性の確保が重要課題となる。

　②　取締役会内委員会

　取締役の基本的な職務は、取締役会に参加し、企業経営に関する意思決定および経営者の執行活動に対して監視・チェックし、利害関係者の利益を保護することである。

　社外取締役制度及び取締役会内委員会制度が普及するにつれて、取締役会の人数も大幅に減少している。例えば、「サムスン電子」の場合、1997年の58人から1998年に25人、1999年に21人、2000年に20人、2001年には14人、2013年は9名まで減少し、取締役会の規模をスリム化し、取締役会の効率化をはかっている。なお、サムスン電子は、同社の定款の14条に取締役会は3人以上14人以下とすると規定している。このような動きは、商法および証券取引法の改正に

よって全取締役数の2分の1以上の社外取締役を導入しなければならないという規定によるものであり、取締役会の規模が大きければ大きいほど、導入すべき社外取締役の人数を増やさなければならないため、取締役会の規模を小さくし、必要な社外取締役の人数を抑えようとする意図があったのであろう。

「サムスン電子」の取締役会の構成が変わり始めたのは、1998年からの企業統治改革のための商法および証券取引法の改正により、1998年に始めて社外取締役の導入および監査委員会を設置し始めた。

「サムスン電子」の2013年度の取締役会の構成をみると、取締役会の取締役数の9人の内、社外取締役が5人含まれている。「取締役会内委員会」には、社内取締役4人で構成される「経営委員会」、社外取締役3人で構成される「監査委員会」と「内部取引委員会」と「報償委員会」、社内取締役1人と社外取締役3人で構成される「社外取締役候補推薦委員会」、社外取締役5人で構成される「CSR委員会」と6つの取締役会内委員会を設置し、運営している。

「経営委員会」は、業務遂行の専門性と効率性を高めるために設置した委員会である。「内部取引委員会」は、企業経営の透明性を向上させるために、系列会社間の内部取引を点検し、監視することを目的に2004年に設置している。「報償委員会」は、取締役の報酬を決定する委員会であり、アメリカや日本の「報酬委員会」に相当する。「CSR委員会」は、企業の社会的責任関連の業務活動を監督し助言するために、2013年に新たに設置した委員会である。

「監査委員会」および「社外取締役候補推薦委員会」は、商法（旧証券取引法）の規定によって設置され、アメリカや日本のそれらの委員会と同様の設置目的を持つ委員会であり、それ以外の委員会は、自律的に設置した委員会である。

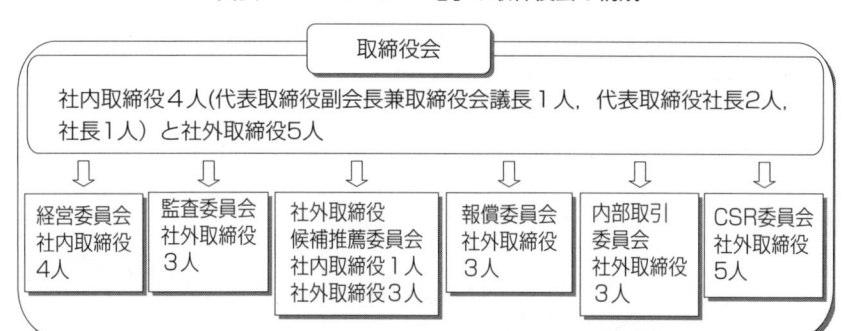

図表Ⅲ-8　サムスン電子の取締役会の構成

```
                    ┌─────────────┐
                    │   取締役会   │
                    └─────────────┘
┌─────────────────────────────────────────────────────────────┐
│ 社内取締役4人(代表取締役副会長兼取締役会議長1人，代表取締役社長2人， │
│ 社長1人) と社外取締役5人                                       │
└─────────────────────────────────────────────────────────────┘
    ⇩        ⇩         ⇩          ⇩         ⇩         ⇩
┌────────┐┌────────┐┌──────────┐┌────────┐┌────────┐┌────────┐
│経営委員会││監査委員会││社外取締役 ││報償委員会││内部取引 ││CSR委員会│
│社内取締役││社外取締役││候補推薦委員会││社外取締役││委員会  ││社外取締役│
│4人    ││3人    ││社内取締役1人││3人    ││社外取締役││5人    │
│       ││       ││社外取締役3人││       ││3人    ││       │
└────────┘└────────┘└──────────┘└────────┘└────────┘└────────┘
```

出所：「サムスン電子」の2013年の年次報告書およびホームページをもとに筆者作成。

③　監査委員会

　取締役会内に設置される各委員会は，経営陣の選任，評価，監視などに関連する委員会の役割は，取締役会の主要機能が委譲され，取締役会の実質的な機能を向上させる。監査委員会は経営陣の業務執行に対する監視機能を強化させるために設置される。

　2013年度における監査委員会および監査役の設置状況をみると，660社の上場企業の内，231社（34.7％）が監査委員会を設置，435社（65.3％）が監査役を設置している（図表Ⅲ-9）。監査委員会を設置している企業の内，監査委員会の設置が義務づけられた企業（資産規模2兆ウォン以上の上場企業）は114社（49.4％），自発的に設置した企業は117社（50.6％）であり，2009年度に自発的に監査委員会を設置した企業46.7％から自発的に監査委員会制度を取り入れる会社が3.9％増えており，監査委員会制度を法的規制によってのみではなく，企業側から率先して取り入れていることがわかる。

図表Ⅲ-9　監査役および監査委員会制度の採択会社の比率推移(単位：%)

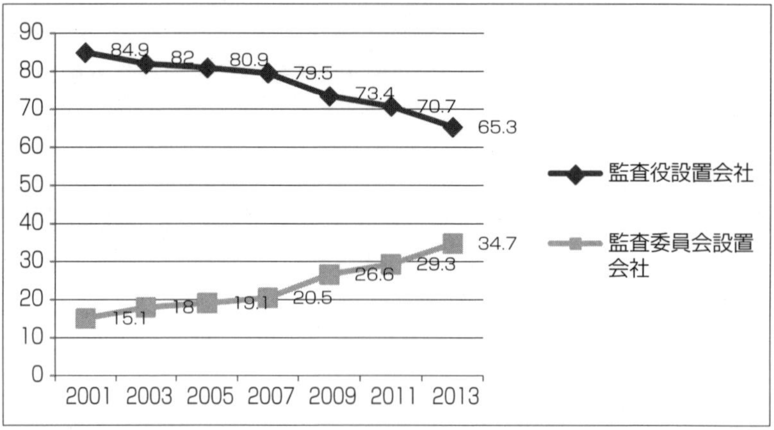

出所：韓国上場会社協議会(2013)「有価証券市場12月決算上場法人監査および監査委員会の現況」『上場』2013年6月号36ページより，筆者作成。

　大規模の上場企業以外の上場企業においては，監査役を起用する企業が多く，監査委員会より監査役を設置している上場企業が65%以上を占めており，全上場企業においては，監査委員会の設置よりも監査役を設置する企業が多いが，2001年から2013年までの監査委員会の設置比率をみると15%から35%と2倍以上に増加し，制度が制定されてから，継続的に監査委員会を設置する上場企業が増え，徐々にその普及が広がっていることは確かである（図表Ⅲ-9）。

　また，監査委員会を設置した企業の内，3名の監査委員で構成される企業は199社（86.2%）ともっとも多く，4名が24社（10.4%），5名が7社（3%），6名が1社（0.4%）である。なお，社外取締役のみで，監査委員会を設置している会社は206社（89.2%）と，大多数を占めている。

4　むすび

　1998年より，企業統治に関する法制度および規制の改革が行われ，施行され，15年が経過している。この間，韓国の上場企業は，企業統治に対する認識を高め，企業統治に関連する社外取締役制度および取締役会内委員会の制度の導入

を着実に進めている。

　社外取締役制度の導入及び運営によって韓国企業の企業統治は，社外取締役の選任問題や社外取締役の監視機能の遂行問題など，いくつか問題も指摘されており，十分とは言えないが，取締役会の構成員としての社外取締役の存在が，経営陣の取締役会の活動に対する意識や関心を高めるなど，比較的に企業経営の透明性の向上に寄与していると考えられる。

　韓国の全ての上場企業においては，取締役数の4分の1以上（1人以上）の社外取締役の選任，資産が2兆ウォン以上の上場企業においては，取締役総数の過半数以上（3人以上）の社外取締役の選任が義務づけられ，社外取締役が上場企業の取締役数の少なくとも1人以上，大規模の上場企業においては，取締役数の過半数以上を占めるようになった現在，社外取締役制度をいかに活用するかによって，取締役会を通じたガバナンスが機能するかどうかが決まるであろう。改革によって整備され，定着しつつある社外取締役制度および監査委員会制度の効率的な活用のためには，社外取締役の独立性の確保と選任された社外取締役が委員会メンバーとしてのその使命を十分に果たすことが重要課題である。

〔注〕
1)　30大企業グループの創業者およびその家族の平均持分は約6％であるが，系列会社の持分を合わせると約45％を占めている。公正取引委員会（1996～2000）30大企業グループの内部持分比率。
2)　支配株主とは，法人の発行株式総数または出資総額の100分の1以上の株式または持分を所有する株主と出資者として，彼と特殊関係人との所有株式または出資持分の合計が，当該法人の株主または出資者の中で最も多い場合の当該株主または出資者を指す（韓国法人税法施行令第87条第3項）。すなわち，当該法人の最大株主の中で，株式保有率が最も高い個人を指す。
3)　金在淑（2005）107ページ。
4)　金在淑（2005）107ページ。
5)「最大株主等」とは，証券取引法の第54条の5の規定による最大株主とその特殊関係人を指す。
　　「特殊関係人」とは，支配株主の親戚，支配株主が出資している系列会社，非営利法人，役員（証券取引法施行令第10条3）

支配株主の親戚，支配株主が出資している系列会社，非営利法人，役員．
6)　この制度は，会社に対し自己の影響力を利用して取締役に業務執行の指示をなした場合，取締役の名義をもって直接業務を執行した場合，取締役でないにもかかわらず，名誉会長，会長，社長，副社長，専務，常務など会社の業務を執行する権限があると認められるような名称を使用して会社の業務を執行した場合，もしくは指示した場合，取締役としてみなすことである．
7)　この法律は，本来2000年に改正された証券取引法54条によって定められたものであるが，資本市場統合法の制定によって証券取引法は2009年2月4日付で廃止され，証券取引法の社外取締役および監査委員会関連特例規定は，商法の会社編に移転された．
8)　韓国上場会社協議会（2011）『上場』2011年8月号80ページ．
9)　金在淑（2005）116ページ．
10)　金在淑（2004b）129ページ．

＜主要参考文献＞

・金在淑（2003）「最高経営組織の機能および構成の日韓比較－制度的観点から－」『経営行動研究年報』経営行動研究学会，第12号87－91ページ．
・金在淑（2004a）「韓国の企業統治改革に関する分析－改革の実態と問題と評価－」『経営教育研究－企業経営のフロンティア－』日本経営教育学会　学文社　第7号115－138ページ．
・金在淑（2004b）「新興市場国としての韓国における企業の所有構造と企業統治－韓国サムスン財閥の事例を中心に－」『日本経営学会誌』日本経営学会，第12号3－17ページ．
・金在淑（2005）「会社機関構造とコーポレート・ガバナンス」佐久間信夫編著『アジアのコーポレート・ガバナンス』学文社，105－124ページ．
（韓国語）
・韓国上場会社協議会「上場法人の社外取締役の現況」月刊『上場』2010年10月号32－35ページ．
・韓国上場会社協議会「監査委員会制度に関する実務的理解」月刊『上場』2011年8月80－84ページ．
・韓国上場会社協議会「有価証券市場12月決算上場法人監査および監査委員会の現況」月刊『上場』2013年6月号36－37ページ．

Chapter Ⅳ 社外取締役・独立取締役をめぐる諸問題

1 はじめに

　わが国では取締役会の構成に外部の人材（外部取締役）の導入を義務付けるべきかについてこれまで繰り返し議論されてきた。
　この背景には，わが国企業の取締役会が外部取締役を中心とする英米型企業とは異なり，伝統的に内部の人材（内部取締役）で占められてきた経緯があるためである。そのためわが国では，企業統治改革に関する議論において繰り返し取締役会の構成（外部化および独立化）が主なテーマとなってきたのである。2010（平成22）年から法制審議会で議論されてきた内容（法務大臣諮問第91号）も社外取締役の法的義務化の是非が問われており，また，2013（平成25）年に国会に提出された「監査等委員会設置会社制度」は，企業統治における社外取締役の機能を期待する内容となっている[1]。
　これらの動向を見ると，あたかも企業統治（コーポレート・ガバナンス）改革における外部取締役の導入が唯一最善の方法であるかのごときである。
　しかし，外部取締役を積極的に導入してきた米国企業でさえ，その機能（経営者の監視機能および企業業績に何らかのプラスの影響を与えると思われる機能）については，以前から有効性を疑問視する研究が少なくなかった。
　例えば，この分野における初期の代表的研究者としてメイス（Myles L. Mace）をあげることができるが，彼は研究結果（Directors：Myth and Reality, 1971）のなかで米国企業における社外取締役の機能について，その有効性に懐疑的立場をとっている[2]。
　また，わが国でも経済界は繰り返し社外取締役の法的な義務化には反対意見

を表明しており，企業もその多くは社外取締役が大きな権限を持っている委員会設置会社制度を採用していない3)。

　それではなぜ，わが国では繰り返し外部取締役を法的に，あるいは制度的に取締役会の構成に加えようとするのであろうか。

　そこで，本章では，近年の(1)外部取締役導入の傾向と，(2)取締役会の構成をめぐる諸問題，そして，(3)企業統治システムが機能するための課題について考察する。

② 外部取締役（社外取締役および独立取締役）導入の傾向

　わが国企業は伝統的に内部取締役が多く，したがってこのスタイルで企業統治を行ってきた。

　しかし近年は海外，特に英米型企業の影響を受けて外部取締役を迎え入れることに注目が集まっている。確かにこれまでの歴史を見ると内部取締役制度をとってきたわが国企業で不祥事は発生している。しかし，これは外部取締役を積極的に採用してきた英米の企業でも同じである。このことから，取締役会の構成が内部中心か，それとも外部かということは，実は企業統治においてあまり重要な問題ではないということをあらわしているように思われる。重要なのは，実行の段階で，どのようなシステムを構築しておけば企業統治が機能するかということである。

　ところが，わが国や諸外国は英米型企業のルールを無視できないようである。後述するOECD（経済協力開発機構）は，「OECDコーポレート・ガバナンス原則」で企業統治における外部取締役制度の必要性を説いており（ただし，法的な拘束力はない），わが国も委員会設置会社制度を導入した歴史がある。また，これまでわが国では，社外取締役の法的な導入の議論が繰り返しあったことや監査等委員会設置会社制度の導入が現在検討されていることはすでに本章のはじめに述べたとおりである。

Chapter Ⅳ　社外取締役・独立取締役をめぐる諸問題

1　取締役会構成における独立化の傾向

　英米型の企業は企業統治において取締役会が経営者の監督を行うシステム（一層式モデル）を採用しているため，取締役会における外部取締役（社外取締役・独立取締役）の機能が注目されてきた。なぜなら，企業外部の者であれば取締役会で中立的な立場から経営者に意見し，監督できるのではないかと期待が寄せられていたからである。そこで，英米型の一層式モデルにおける企業統治改革では，1990年代まで取締役会内部に占める社外取締役の割合を高めることが重要となった。

　ところが米国において，1990年代末から2000年代初頭にかけてエンロン事件（2001年）やワールドコム事件（2002年）等のような企業不祥事が続発し，そこでは社外取締役が期待されたように機能していなかったことが明らかにされた。そのため，米国において2002年に制定されたのがサーベンス・オクスリー法（Sarbanes-Oxley Act）である。この法律によって上場企業の取締役会に独立取締役を導入することが義務付けられた[4]。

　ニューヨーク証券取引所では，サーベンス・オクスリー法にもとづき上場基準で独立取締役の要件を，当該企業のパートナー，株主，そして，企業と関係を有する組織の役員などのように，直接あるいは間接的にも利害関係を持たない者とした。さらに，対象となる人物も当該企業の取締役本人だけではなく，その親族も含めた。なお，ここで取締役の親族とは，配偶者，（配偶者の）両親，子供（の配偶者），（配偶者の）兄弟姉妹，取締役本人の家を共有する者（雇用人を除く）である[5]。

　このような米国発のルールがあたかも企業統治システムにおけるグローバル・スタンダードのように世界に広まっている。ＯＥＣＤも加盟諸国に対するコーポレート・ガバナンス原則（1999年，改定2004年）のなかで，良いコーポレート・ガバナンスの単一モデルは存在しないこと，したがって，そのシステムの構築には，その国の置かれた歴史や伝統にもとづいて成り立っている法律や規制，そして，経営慣行が軽視できないことを指摘しながら，一方で，取締

役会がその義務を果たすためには「十分な数の取締役会メンバーが経営陣から独立していること」が必要であるとしている[6]。

この傾向はわが国も例外ではない。わが国の場合，今回の法制審議会での議論では法的レベルでの社外取締役の義務化は見送られた。しかし，すでに制度的レベルでは，東京証券取引所が上場基準の変更というかたちで一般株主の保護を目的として1名以上の独立役員を確保するよう2009（平成21）年に各上場企業に求めている[7]。

東京証券取引所が定める独立役員の要件とは，次の各項目に該当しない人物のことであり，「①当該会社の親会社又は兄弟会社の業務執行者等（過去に業務執行者であった者も含まれる。以下も同じ。），②当該会社を主要な取引先とする者，若しくはその業務執行者等又は当該会社の主要な取引先，若しくはその業務執行者等，③当該会社から役員報酬以外に多額の金銭その他の財産を得ているコンサルタント，会計専門家又は法律専門家（当該財産を得ている者が法人や組合等の団体の場合は，当該団体に所属する者及び当該団体に過去に所属していた者），④当該会社の主要株主，⑤次の(a)又は(b)に掲げる者の近親者［(a)上記①〜④までに掲げる者，(b)当該会社又はその子会社の業務執行者等］」である[8]。

2　投資家からの評価

このように英米型企業の企業統治スタイルが世界的に広がっていく主な要因として，投資家の存在は否定できないであろう（東京証券取引所が独立役員を導入した目的は株主の保護であった）。国内外の投資家から見れば，世界的規模で事業を展開する英米型企業が取締役会の構成を外部化，さらには独立化の方向で進め，企業統治改革に着手しているにもかかわらず，依然としてわが国企業が内部取締役を中心としていれば，彼らが投資対象としてふさわしくないと判断する可能性は否定できない。

したがって企業は企業統治システムがいかに機能しているかではなく，第三者から見てもわかりやすい外部化および独立化（取締役会に占める外部取締役の人数）をあたかも「グローバル・スタンダード」のように導入する必要があっ

たと考える。例えば，Newsweek誌の「世界の500社」では，企業の評価指標のなかにあがっているものは外部取締役の割合（数値）であり，企業統治システムが機能しているかではない[9]。「フォーチュン500」に入るような大企業でも，現在，独立取締役が取締役会の絶対多数であることがスタンダードとなっている[10]。

❸ 企業統治における取締役会の構成をめぐる諸問題

　以上のように企業統治改革において，取締役会の構成における外部化および独立化の傾向は，現在，世界的に重視され，この方法があたかもグローバル・スタンダードのような傾向にある。

　それではこの外部取締役の機能面での評価は，本章のはじめに言及したメイスの時代と比較して改善が見られたのであろうか。つまり，現在の外部化および独立化の世界的な傾向はメイスの時代とは異なり，外部取締役の有効性が明らかとなったために，企業統治の議論で中心的役割を果たすようになったと考えてよいのだろうか。

　現在のところ，企業統治に関する多くの研究で外部取締役の有効性を裏付けるような研究結果は少ない。むしろ，「取締役会に占める社外取締役の比率は，企業業績にはまったく何らの影響も及ぼさない」（Sumantra Ghoshal, The Financial Times, 2003, 9／9）[11]というように，現在でも多くの研究結果はメイスの時代と同様，その機能の有効性を疑問視している。

　また米国では，サーベンス・オクスリー法（2002年）で取締役会に独立取締役の導入を義務付けたが，結局リーマン・ショック（2008年）のような問題の発生を防ぐことができなかったため，近年は取締役会の機能面がより重視されるようになってきている[12]。

　したがって，米国でさえニューヨーク証券取引所（ＮＹＳＥ）が，企業とその業務に精通した2名以上の社内取締役を入れることにより全体として取締役会がより効率的に機能することを期待すると「ＮＹＳＥコーポレート・ガバナ

ンス委員会報告（2010）」の中で述べているほどである[13]。

4 企業統治システムが機能するために

　企業統治を有効に機能させるには，今後も引き続きさまざまな側面から改革の取り組みが必要であり，その際はすでに見たように企業統治改革に唯一絶対の方法は存在しないという認識が必要である。したがって，わが国がこれまで繰り返し試みてきた法律による一律の規制というアプローチには問題が残されているように思われる。企業統治システムを法律によって固定化してしまうことは，さまざまな環境の中に置かれているわが国企業の柔軟な対応を困難にさせてしまうと思われるからである。そのため，どのようにすれば企業統治が有効に機能するかは法律ではなく，上場基準など，各企業が置かれた環境により判断すべき問題であると思われる。

　つぎに経営慣行の側面からの企業統治改革のアプローチが必要である。わが国では，現在でも圧倒的多数の企業が内部取締役制度を採用している。そして，これまで見てきたように英米型の企業が重視してきたような外部取締役制度は期待したようには有効に機能していない。それならば，企業統治システムが機能するためには，わが国の伝統的な経営慣行のなかでどのようにすればこのシステムを改善できるのかということをテーマにもっと積極的な議論がなされるべきである。

　経営慣行は時代の変化とともに変わっていくであろう。決して普遍的なものではない。しかし，ここで繰り返し述べてきたように，現状では外部取締役の有効性が十分に確認されておらず，そのような段階であえて改善のアプローチをわが国の経営慣行と異なる海外のシステムに求め，しかも法的なレベルで外部取締役を導入することの意義がどれだけ存在するのであろうか。わが国では企業統治に際して監査役会の存在も忘れてはならず，この機関を今後もさらに有効に機能させるための議論が不可欠である。

　最後に企業統治改革の議論では，国ごとに異なる企業観の側面からも検討を

加える必要があろう。わが国では英国や米国の企業観とは異なり，「会社は複数の利害関係者のものであり，株主だけのものではない」という企業観が一般的である[14]。このような企業観が根底にあることをふまえながら，企業統治システムを見直していくことが必要である。

したがって，わが国企業はさまざまな利害関係者からの意見に耳を傾ける必要があるが，その際は伝統的な内部取締役制度を根本から変えてしまうような改革を行わずとも，アドバイザリー・ボード等を採用することで外部の意見を取り入れ，企業統治システムを機能させていくことは可能である[15]。

以上のような理由から，近年のように外部取締役制度の導入をグローバル・スタンダードのようにとらえ，企業統治の議論における中心テーマとすべきではないと考える。

5 おわりに

本章のはじめで見たように，現在もわが国では外部取締役を導入する試みが続けられており，取締役会における外部化および独立化の傾向は今後もしばらく続くであろう。

しかし，これまで述べてきたように外部取締役の効果が企業統治においてあまり期待できないのであれば，わが国は英米型のルールを形式的に導入することに腐心するべきではない。

それよりも，企業統治システムの柔軟性，経営慣行，そして企業観を考慮しながら，いかに実効性のある企業統治システムを構築できるかについてもっと検討されるべきである。すなわち，企業統治システムとは，もともと存在などしない「グローバル・スタンダード」にいかに近づくことができるかではなく，その有効性の一点で国内外から評価を受け，企業統治改革の達成度合いが判断されるべき問題であると考える。

〔注〕
1) 法務省（2013）「会社法の一部を改正する法律案」1～7ページ。
   http://www.moj.go.jp/content/000116473.pdf.
2) Myles L. Mace (1986)（道明義弘訳（1991）『アメリカの取締役　神話と現実』文眞堂78～81ページおよび同書123～126ページ）。
3) 東京証券取引所に上場する株式会社（一部上場，二部上場，そしてマザーズに上場する会社の合計で，外国会社を除く2,525社）のうち，監査役会設置会社は98.02％（2,475社），委員会設置会社は1.98％（50社）である（2014年1月9日現在）。
4) 菊池敏夫・平田光弘・厚東偉介編著（2008）『企業の責任・統治・再生』文眞堂，76ページ。
5) NSE Listed Company Manual 303A.02 (Independence Tests)。
6) ＯＥＣＤコーポレート・ガバナンス原則（2004）〔邦訳〕，注釈，53ページ。
   http://www.oecd.org/corporate/ca/corporategovernanceprinciples/32361945.pdf.
7) 東京証券取引所（2009）「上場制度整備の実行計画2009（速やかに実施する事項）に基づく業務規程等の一部改正について」1ページ。
8) 東京証券取引所，有価証券上場規程施行規則第211条第4項第5号。
9) Newsweek誌の「世界企業ランキング」では，企業を財務60点（収益性・成長性・安全性）とＣＳＲ60点（企業統治・従業員・社会・環境）の合計120点満点で評価しており，このうち企業統治は「社外取締役の比率」が評価項目としてあげられている。Newsweek日本版2006・6・21号50～61ページ。
10) 宍戸善一　他（2010）『公開会社法を問う』日本経済新聞出版社，48ページ。
11) 加護野　他（2010）『コーポレート・ガバナンスの経営学』有斐閣，82ページから引用。
12) 八木利朗　他（2013）「＜第76回監査役全国会議・パネルディスカッション＞会社法制の見直しとこれからの監査役監査」月刊監査役No.615，佐久間発言，16ページ。
13) New York Stock Exchange Commission on Corporate Governance, Report of The New York Stock Exchange Commission on Corporate Governance (2010) pp.25～26。
14) 吉森賢（2001）『日米欧の企業経営－企業統治と経営者－』財団法人放送大学教育振興会，37～39ページ，加護野　他（2010）前掲書，15～16ページおよび65～66ページ。
15) 宗岡広太郎（2005）「日本におけるコーポレート・ガバナンスの現状と今後の展望」『第20回日中企業管理シンポジウム論文集』経営行動研究学会，35ページ，菊池敏夫　他（2008）『我が国大企業のコーポレート・ガバナンス－アンケート調査結果の分析と報告－』中央学院大学大学院研究プロジェクト，コーポレート・ガバナンス研究員会，12～13ページ，宍戸善一　他（2010）前掲書，87ページ。

＜主要参考文献＞
・加護野忠男・砂川伸幸・吉村典久（2010）『コーポレート・ガバナンスの経営学　企業統治の新しいパラダイム』有斐閣。
・菊池敏夫（2007）『現代企業論　責任と統治』中央経済社。
・菊池敏夫・平田光弘・厚東偉介編著（2008Ｃ）『企業の責任・統治・再生』文眞堂。
・佐藤剛（2010）『金融危機が変えたコーポレート・ガバナンス』商事法務。
・宍戸善一・柳川範之・大崎貞和（2010）『公開会社法を問う』日本経済新聞出版社。
・宮島英昭編（2011）『日本の企業統治　その再設計と競争力の回復に向けて』東洋経済新報社。
・吉森賢（2001）『日米欧の企業経営－企業統治と経営者－』財団法人放送大学教育振興会。
・Myles L. Mace［1971（revised 1986）］Directors：Myth and Reality, Harvard Business School Press（道明義弘訳（1991）『アメリカの取締役　神話と現実』文眞堂）。
・阿部泰久・石田猛行・神作裕之・松崎裕之・一丸陽一郎・宮本照雄（2013）「シンポジウム監査役制度の正しい理解のために　各界から見た日本のコーポレート・ガバナンスと監査役制度」月刊監査役No.613, 4〜32ページ。
・磯伸彦（2012）「独立取締役の役割と問題」『企業統治と経営行動』菊池敏夫他編著, 文眞堂, 52〜60ページ。
・磯伸彦（2013）「最高経営組織の構成に関する歴史的考察－取締役会構成を中心として－」『経営行動研究年報第22号』経営行動研究学会, 42〜49ページ。
・高橋英治「日本におけるコーポレート・ガバナンス改革の歴史と課題－現在行われている会社法改正を中心として－」商事法務No.1997, 4〜17ページ。
・宮島英昭（2012）「日本の企業統治の改革：3つの焦点」『月刊監査役No.597』公益社団法人日本監査役協会, 11〜23ページ。
・八木利朗・静正樹・藤田友敬・佐久間総一郎・岩原紳作（2013）「＜第76回監査役全国会議・パネルディスカッション＞会社法制の見直しとこれからの監査役監査」月刊監査役No.615, 4〜49ページ。

Chapter V　企業統治と監査・内部統制

1　はじめに

　日本における企業統治は，2006年5月の「会社法」，同年6月の「金融商品取引法」における内部統制に関する法的整備の要求を受け，新たな局面を迎えている。2002年，神戸地裁の「K社の利益供与事件の判決」及び大阪地裁の「D社の株主代表訴訟事件の判決」において経営者，取締役，監査役を含めた経営陣に対する内部統制の責任が明確になると同時に「金融商品取引法」が要求する内部統制報告制度の中に「統制環境」が含まれることになり，企業統治の適正性・健全性が内部統制システムを通して，具現化されることが求められている。

　本章では，このような背景をもとに企業統治と内部統制の関係，内部統制と監査の関係を明らかにし，日本版SOX法における内部統制の監査（有効性評価）の詳細を取り上げる。

2　企業統治と内部統制

　「会社法」，「金融商品取引法」における「内部統制報告制度」は「企業統治」の視点が加えられている。前者は，業務全般における内部統制であり，後者は財務報告に係る内部統制である。しかし，両方とも経営者及び取締役，監査役の「執行，監督，監査」をめぐる企業統治機能が内部統制を通して，その適切性・健全性を図ることを規定している。

1　内部統制の展開

　内部統制は，内部牽制が次第に発展した概念である。会計士業務の「会計管理」，「業務管理」，「内部統制牽制組織」をもって内部統制と考える理解があり，財務諸表監査におけるテスティングの方法で内部統制の信頼性を評価し，信頼度によって監査対象の範囲を縮小するところに利用された経緯がある[1]。

　1949年，アメリカ公認会計士協会・特別委員会報告書の『内部統制』において，内部統制を「会計業務を対象にする内部会計統制の分野」と「会計業務以外の業務を対象にする内部統制業務」に区分し，理解することが提唱されている。前者は，2002年7月の米国企業改革法（ＳＯＸ法）における内部統制であり，後者は2004年米国のＣＯＳＯの「ＥＲＭ」における内部統制である。

　以降，内部統制の論議は1970年代のアメリカの「海外不正支払防止法」と「コーエン報告書」で議論されるようになる。前者は，1970年代の多国籍企業で行われた不祥事に対して，制定された法律で内部会計統制の概念が含まれる。後者は1978年アメリカ公認会計士協会が公表した報告書であり，企業の資産の保全における内部統制の機能を強調している。

　しかし，企業における不祥事は多発することになり，1987年トレッドウェイ委員会の報告書，1992年のＣＯＳＯ報告書が公表される。ＣＯＳＯにおいては，内部統制の三つの目的及び五つの構成要素が組み込まれ，内部統制フレームワークが公表される。一方，2001年「エンロン」における粉飾決算が明るみに出て，翌年の2002年7月「ＳＯＸ法」が制定される。とくに，同法律の404条では「経営者に対する内部統制の構築・運用・評価」が義務付けられる。以降，内部統制はイギリス，フランスなどを中心としたヨーロッパ及び韓国などを含めた各国へ広がって行く。

　日本では，1951年通産省・産業合理化審議会が「企業における内部統制の大綱」を公表し，公認会計士の間において「内部牽制」という概念として広まったと言われている。しかし，実際には，1990年代前半のバブル崩壊後の企業不祥事が次々と発覚されるようになり，企業統治及び内部統制の議論が活発に行

われる。2000年代は，西武鉄道，カネボウなどの企業不祥事が起き，2006年「日本版SOX法」が制定される。

このように，内部統制は1950年代から始まった議論であり，以降アメリカが中心となり，企業の健全経営を合理的に保証する内部統制システムの構築・運用が法制化され，上場企業及び関連企業で構築・運用されている。

2　企業統治の展開

企業統治の問題は，近代株式会社制度の発展に伴う出資と経営の分離が提唱されるところから始まる。1932年，バーリ＝ミーンズの『近代株式会社と私有財産』において，経営者支配の実態が明るみになる。このようなバーリ＝ミーンズの主張は，1954年の『財産なき支配』，1968年の『近代株式会社と私有財産』改訂版に受け継がれる。

一方，「会社は誰のものであるか」という「会社支配論」は時代の変化とともに，企業統治論に発展する。1970年代の「キャンペンGM」，「イーストマン・コダック，ダウ・ケミカル運動」などの企業不祥事を背景に，企業経営が社会的問題として議論される。1980年代はLBOブームにより，経営者が自己防衛手段としての「ポイズン・ピル」，「グリーン・メール」などが使われ，これらの経営者の行動が株主主権を侵害することになり，経営陣と株主関係は再構築を迫られる。1990年代は，P. F. ドラッカーが『見えざる革命―再考』で指摘したように，機関投資家の株式所有の増加による「発言」の企業統治活動は世界の注目を浴びるようになる。

しかし，企業統治の議論が本格化されたのは，1992年のアメリカ法律協会の「コーポレート・ガバナンスの諸原理―分析と勧告」である。同報告書では，経営者に対する監視・監督機能として，社外取締役による経営者の評価及び委員会の設置と外部取締役の参加を規定している。

また，イギリスでは1991年5月「キャドバリー委員会」が設置され，同委員会は「会社運営に関する報告」と「会社運営に関する模範規定」を発表する。同報告書は，①取締役会の過半数は経営から独立し，執行責任者から真に独立

すること，②取締役会の過半数は社外取締役で構成されること，③取締役会の中に小委員会として「指名委員会」，「監査委員会」を設置すること，④経営執行者と取締役会会長の役割を分離することを勧告する。また，1995年役員報酬制度の規律を求める「グリーンベリー報告書」，1998年「ハンペル・コーポレート・ガバナンス委員会」の統合規範が公表される。統合規範は，とくに取締役会は株主および会社資産の保全のために健全な内部統制の維持を指摘する。

　日本では，1994年経済同友会が中心となり，同年11月に「日本コーポレート・ガバナンス・フォーラム」が発足され，1998年5月に「最終報告書」を公表する。同報告書は，①社外取締役の選任，②取締役の構成員の適切な数，③取締役と執行役員の分離，④各委員会の取締役の過半数の社外取締役選任，⑤監査役の構成員に社外監査役の選任，などを勧告する。また，2004年には東京証券取引所の「上場会社コーポレート・ガバナンス委員会」は，企業統治の原則として，①株主の保護，②株主の平等性，③従業員などステークホルダーとの良好な関係構築，④情報開示の充実，⑤取締役会・監査役会の機能充実を公表している。

　このように，アメリカ，イギリスなどにおける「企業統治」の議論が活発化され，関連規定などが整備されるようになる。しかし，企業不祥事は多発し，多くの当該企業関係者のみならず社会に衝撃を与えた。とりわけ，粉飾決算などによる企業倒産は，「企業統治」が適切に機能しなかったことを証明するものである。

3　内部統制と企業統治の諸関係性

　内部統制における企業統治の機能は，内部統制の全社的統制における統制環境要素に示されている経営者，取締役，監査役又は監査委員会に対する内部統制の執行・監督・監視機能にある。1992年，アメリカのＣＯＳＯ報告書が識別した内部統制の構成のうち，「統制環境」は「執行」と「監督」に関係している。同報告書における「経営者の誠実性・倫理的価値観」などは「執行」に深く関係しており，また，取締役会の機能状況は「監督」に関係している。

Chapter Ⅴ　企業統治と監査・内部統制

　鳥羽（2005）は，内部統制と「企業統治」の形態を2つに区別している。すなわち，カナダの「ＣＯＣＯモデルの内部統制と企業統治」，「ＣＯＳＯモデルの内部統制と企業統治」である。前者は，内部統制は執行の長たる社長の問題は「内部統制」の議論というよりは，むしろ「企業統治」のレベルの議論として扱われることとなる。後者の場合は，内部統制は「執行」と「監督」に対応し，それに深く関係することとなる。したがって，ＣＯＳＯフレームワークを採用している場合は「内部統制」と「企業統治」が連動した内部統制となる。日本，韓国などを含めた，ＣＯＳＯフレームワークを採用している国は，企業統治と連動した内部統制システムを運用している。

　日本の内部統制の場合，経営者の役割と責任，取締役の役割と責任，監査役又は監査委員会の役割と責任が規定されている。経営者は取締役会が決定した方針に基づき，社内の組織，人的資源を有効に活用し，内部統制の整備と評価の最終的責任を負っている。取締役会は，業務遂行に関する意思決定の機関であり，内部統制の整備・運用に係る基本方針を決定する役割を持っている。監査役又は監査委員会は取締役会の監査の一環として独立した立場から，内部統制の整備・運用状況を監督・検証する責任があり，財務報告の信頼性を確保する義務がある。

　このように，企業統治の機能が内部統制に具現化されており，企業統治の信頼性・健全性を確保するために内部統制が整備・運用され，その有効性評価が行われている。

３　内部統制と監査

　経営という概念は，企業統治レベルにおける「執行」・「監督」・「監査」という3つの職能からなる複合概念である[2]。内部統制との関連性は，経営者による内部統制の執行及び最終的責任，取締役会の内部統制の整備・運用の意思決定と経営者に対する監督責任，監査役又は監査委員会の取締役会などに対する監査がそれぞれ企業統治の機能となっている。

経営者における内部統制の執行は，内部統制の整備・運用に関する基本方針，取り組み，人的資源の配置と活用，体制などの執行の責任を有している一方，「内部統制報告書」を内閣総理大臣に提出することを通して，その最終的な責任を負っている。取締役会における内部統制の監督は，社長からの内部統制状況報告，業務担当取締役からの内部統制状況報告，監査役会（監査委員会）からの内部統制についての全社的な評価と検出事項，会計監査人からの内部統制の機能状況についての報告がある。

　内部統制の監査には，経営執行による自己監査，監査役又は監査委員会の監査，内部監査部門の監査（独立組織）がある。経営執行の自己監査は，所轄の関連業務の状況を主観的に自ら評価する活動である。内部監査部門の監査は，経営者と独立組織の立場から内部統制の運用状況を監査する。監査役の監査は，取締役が内部統制システムを会社の規模及び事業内容等に照らして適切に構築，運用しているかを監視，検証することである。

1　内部統制システム

　金融庁の「実施基準」において，「内部統制とは基本的に，①業務の有効性及び効率性，②財務報告の信頼性，③事業活動に係る法令の遵守，④資産の保全の4つの目的が達成されているとの合理的保証を得るために，業務に組み込まれ，組織内のすべての者によって遂行されるプロセスをいい，統制環境，リスクの評価と対応，統制活動，情報と伝達，モニタリング及びITへの対応の6つの基本的要素から構成される」と定義している。また，内部統制は①全社的統制，②業務処理統制，③ITに係る全般統制，④ITに係る業務統制に区別され，それぞれの評価対象領域で整備・運用が行われる。

　全社的統制とは，「企業の連結財務の信頼性を確保するために内部統制を健全に監督することができる全社的活動の仕組み」である。業務処理統制とは，「業務プロセスに組み込まれ一体となって遂行される内部統制」である。具体的には取引の承認や照合，職務の分離などである。ITに係る全般統制とは，「業務処理統制が有効に機能する環境を保証するための統制活動であり，複

数の業務処理統制に係る方針と手続」である。ＩＴに係る業務処理統制とは，「業務を管理するシステムにおいて，承認された業務がすべて正確に処理，記録されることを確保するために業務プロセスに組み込まれたＩＴに係る内部統制」のことである。

(1) 内部統制の評価及び報告の対象範囲

　内部統制の評価範囲は「連結ベース評価」とし，その財務諸表を構成する有価証券報告書提出会社及び当該会社並びに関連会社としている。評価範囲の決定は，監査の基準からは内部統制の評価決定方法及び根拠の合理性が問われる内容である。したがって経営者は「財務諸表の表示及び開示」，「企業活動を構成する事業又は事象」，「主要な業務プロセスの事項」等，金額的，質的影響の重要性を考慮し，評価範囲を決定する。重要な事業拠点の選定は全社統制が有効である場合に，連結ベース売上高などの一定の割合を概ね３分の２程度として，考えられることになっている。

(2) 業務プロセスの識別

　評価対象となる業務プロセスの識別は，事業目的に大きく係わる勘定科目に至る業務プロセスと財務報告に重要な影響を及ぼすプロセスに大別される。前者は，「実施基準」が示している「絶対的評価対象プロセス」である「売上高」，「売上金」，「棚卸資産」などに至る業務プロセスを評価対象として識別する。一般的には販売プロセス，購買プロセス，在庫プロセス，生産業務プロセス，人事プロセス，開発プロセス，会計プロセスなどがあり，さらに「サブプロセス」に分解される。たとえば，販売プロセスの場合は与信管理，受注，出荷，売上計上，請求，回収，返品，債権などのサブプロセスから構成される。

(3) リスクの評価

　一般的に，リスク分析評価手法は定性，定量分析で行われる。定性分析とは，リスク感覚をみがき不確実な将来に対する信念，つまり主観的確率に基づいて

リスクを捉え，かつ測定・評価する感覚的アプローチのことである。定量的分析とは，たとえばリスク分析ソフトである「クリスタルボル」を回転させて，大数の法則にもとづく客観的確率のような計量的手法と数字によりリスクを捉えるアプローチである。内部統制の場合，全社的統制は定性分析，業務プロセスは定量分析を行い，財務報告に与える影響度を3段階に分類している。

(4) 業務フローチャートとRCMの作成

内部統制の文書化は，業務の流れを可視化するフローチャートを作成する。業務プロセスは，それぞれサブプロセスに分割され，業務の流れをフローチャートとして作成する。そして，リスクとコントロール，業務内容と承認関係などをチャートで表す。フローチャートは業種，企業ごとに異なる。

RCM（リスク・コントロール・マトリックス）とは何か。一口でいえば，業務プロセスに潜むリスクとそれに対応するコントロール（統制活動）の状況を定義した文書のことである。また，RCM作成は業務プロセスごとの財務報告活動業務の内部統制に関するすべてのものを示すものである。RCMの項目は，業種，企業によってほぼ同様である。

(5) 内部統制の有効性評価（内部統制監査）

内部統制は，構築・整備後，内部統制監査を行う。金融庁の「実施基準」，日本公認会計士協会の「実務上の取扱い」は，文書化後の有効性評価として，「整備状況評価」と「運用状況評価」を行うことを規定している。前者は，財務報告虚偽が発生するリスクを低減する仕組みである「文書化」が有効であるかどうかを評価することである。後者は，現場において設計したとおりに内部統制が運用されているかを評価することである。

2　内部統制監査（有効性評価）

内部統制の有効性評価とは何か。一言で言えば「文書化」後の「評価」のことであり，監査のことである。内部統制有効性評価は大きく「整備状況評価」

と「運用状況評価」に大別される。前者は，内部統制の文書化の状況，リスクとコントロールの整合性の確認，関連ルール・規定の確認などをする評価である。後者は，内部統制が設計通りに運用されているか，コントロール担当者は関連事項を的確に理解しているか，などを評価することである。

　金融庁の「実施基準」によれば，評価業務を担う人的リソースを「内部監査人」と称し，内部監査人はそれぞれの業務から独立されることを規定している。また，整備評価は各現場のコントロール担当者及び部署が評価をし，独立部門である内部監査部門が「運用状況評価」をすることも規定している。ここでは，企業統治と連動している全社的統制の有効性評価（監査）に焦点を当てている。

3　全社的統制の有効性評価

　全社的内部統制は，内部統制を健全に監督する全社的仕組みであり，プロセスレベルのコントロールの継続的なおかつ確実な整備・運用を会社・組織レベルで支援する行為及び仕組みである。一方，全社的統制は経営者を含めた組織全体の倫理意識の確立が評価項目となっている。とくに，取締役・監査役または監査委員会の経営者及び組織全体に対する内部統制の構築・運用のモニタリングが評価項目となっており，「企業統治」の機能が組み込まれている。

　金融庁の「実施基準」では全社的統制の評価項目の例として，①統制環境13項目，②リスクの評価と対応4項目，③統制活動7項目，④情報と伝達6項目，⑤モニタリング7項目，⑥ＩＴへの対応5項目が例示されている。しかし，全社的統制の評価項目は実施基準が示す評価項目をベースに各企業の状況にあわせて，選定されている。

　全社的有効性評価（監査）は，まず，整備状況の評価が行われる。評価の際には，評価手続が作成され，それぞれの評価項目に適切な根拠資料が示される必要がある。そして，「有効」，「不備」の判断をし，不備は是正を行い，再評価を通して有効であることを確認する。次は，運用状況の評価を行う。評価は，整備状況評価が終わり，運用評価項目を選定する。そして，「評価手続」を作成し，運用状況を確認し，根拠資料を残す。また，「有効」「不備」の判断をし，

不備は是正を行い，再評価を通して有効であることを確認する。

(1) 統制環境

統制環境は組織の気風を決定し，組織内のすべての者の統制に対する意識に影響を与えるとともに，他の基本的要素に影響を及ぼす基盤をいう。評価項目として，13項目が示されている。そして，図表Ⅴ－1が示すように評価手続（監査手続）を作成し，評価を行い，結果に対して，不備是正を行う。

図表Ⅴ－1　評価手続の例

評価項目	コントロールの状況	評価手続
取締役会の適正性と独立性	取締役会の構成員は独立性があり，取締役会において，適切な発言を行っている。	①取締役会構成員の情報を入手し，適切であるかを確認する。②取締役会の議事録を入手し，取締役の適正な発言が行われているかを確認する。
監査役又は監査委員会の適正性と独立性	監査役又は監査委員会の構成員は，経営者から独立性を有し，財務報告に関する適切な監査業務を行っている。	①監査の業務が独立性を有しているかを確認する。②関連文書を通して財務報告に対する監査が適切に行われているかを確認する。

出所：洪　聖協（2008年）。

(2) リスクへの対応と評価

リスクへの対応と評価は，組織目標の達成に影響を与える事象について，組織目標の達成を阻害する要因をリスクとして識別，評価し，当該リスクへの適切な対応を行う一連のプロセスをいう。評価項目として，四つの項目があり，図表Ⅴ－2のような評価手続が用いられる。

図表Ⅴ-2 評価手続の例

評価項目	コントロールの状況	評価手続
リスク評価の仕組み	リスクの重要性に応じて適切な階層を関与させる仕組みが運営されている。	①リスク管理委員会の構成員が適切であるかを確認し,体制が適切であるかを確認する。
リスクへの影響	財務報告に影響を与える影響度が適切に分析され,リスクの特定する作業が行われている。	①リスク管理規定の内容を確認し,財務報告に重要な影響を与えるリスクの識別作業を確認する。

出所：洪　聖協『前掲書』。

(3) 統制活動

統制活動は,経営者の命令及び指示が適切に実行されることを確保するために定める方針または行為をいう。統制活動には,権限及び職責の付与,職務の分掌等の広範な方針及び手続が含まれる。このような方針及び手続は,業務のプロセスに組み込まれるべきものであり,組織内のすべての者において遂行されることにより機能するものである。評価項目として,七つの項目があり,図表Ⅴ-3のような手続が用いられる。

図表Ⅴ-3 評価手続の例

評価項目	コントロールの状況	評価手続
職務規定・業務手続	職務関連規定および職務マニュアルを制定し,従業員はそれらに基づき業務を遂行している。	①年間の作成記録をサンプルし,修正などを確認する。③業務担当者にインタビューし,適切な業務規定を作成しているかを確認する。
誤謬への対応	内部監査実施により導き出された問題点は,関連部門長などの適切な分析,再発防止策が講じられている。	①誤謬などにより問題が確認された,関連規定などを入手する。②関連規定の中でサンプリングを行い,是正状況が適切であるかを確認する。

出所：洪　聖協『前掲書』。

(4) 情報と伝達の評価

　情報と伝達は，組織内のすべての者が各々の職務の遂行に必要とする情報が，識別，把握及び処理され，適時かつ適切に，組織内外及び関係者相互に正しく伝えられることを確保することをいう。また，必要な情報が受け手に正しく理解され，その情報を必要とする者に共有されることが重要である。評価項目は，六つの項目があり，図表Ⅴ－4のような手続が用いられる。

図表Ⅴ－4　評価手続の例

評価項目	コントロールの状況	評価手続
伝達体制	行動規範が財務報告作成する担当者に適時・適切に伝達される組織体制が整備されている。	①業務報告担当者に，年間いかなる方針，指針が伝達されているかを確認する。
重要情報の共有	①リスク管理規定に基づき，経営者，取締役会，監査役または監査委員会および関連担当者の間において，関連重要情報は伝達・共有されている。	①取締役会の議事録，監査役または監査委員会の議事録を入手し，重要情報が伝達・共有されているかを確認する。 ②過去1年間の監査役への報告書を入手し，サンプリングで内容を確認する。

出所：洪　聖協『前掲書』。

(5) モニタリング

　モニタリングは，財務報告に係る内部統制が有効に機能していることを継続的に評価するプロセスをいい，「業務に組み込まれて行われる日常的モニタリング」と「業務から独立した視点から実施される独立的評価」がある。評価項目は，七つの項目があり，図表Ⅴ－5のような手続が用いられる。

Chapter V　企業統治と監査・内部統制

図表V－5　評価手続の例

評価項目	コントロールの状況	評価手続
日常的モニタリング	業務報告規定，稟議規定に基づき，日常的モニタリングが社内業務活動に適切に組み込まれている。	①関連規定（稟議規定など）を入手し，日常的モニタリングが有効に機能しているかを確認する。
モニタリングの結果	経営者は内部監査終了後，適時に報告を受け，適切に是正・改善措置を行っている。	①内部監査規定に基づいた改善・是正指示が実施されているかを文書など閲覧し，確認する。

出所：洪　聖協『前掲書』。

(6)　ITへの対応

　ITへの対応は，統制目標を達成するために予め適切な方針及び手続を定め，それを踏まえて，業務の実施において組織の内外のITに対し適切に対応することを言う。評価項目は，五つの項目があり，図表V－6のような手続が用いられる。

図表V－6　評価手続の例

評価項目	コントロールの状況	評価手続
ITの戦略・計画	ITに関する中長期計画，短期計画が策定され，実施されている。	①ITの中長期，短期計画が取締役会の承認が得られているかを確認する。
IT環境の理解	情報セキュリティ基本方針が策定され，社内全組織に周知・徹底されている。	①情報セキュリティ基本方針が適切に策定されているかを確認し，基本方針の理解に関し，従業員に質問し，確認する。

出所：洪　聖協『前掲書』。

　このように，企業統治と連動している内部統制の全社的統制は，その評価項目が金融庁で示され，それぞれの企業の状況に合うように調整され，その監査手続を作成し，監査（有効性評価）が行われる。この全社的な有効性評価の結

果を受けて，業務統制の範囲が決定され，同じく整備・運用が行われ，それに対する監査（有効性評価）が行われる。

4 現状と課題

内部統制は，制度導入当初は専門家の不在，コストの増加などの問題などもあり，制度定着に混乱もあった。だが，今は多くの企業に担当者及び専門家が定着する一方，学界においても多くの研究・調査が行われている。

しかし，次のような課題もある。第1は，内部統制の限界である。内部統制は，人が行うシステムであり，経営者あるいは組織の倫理感が欠如するとき，システムは有効に機能しない。第2に，制度的形式主義に陥る危険性である。本来，企業統治機能として，社外取締役が導入されているが，ガバナンスに対する執行行為が形式主義に陥り，機能しない場合もある。同じく，内部統制もその執行，監督，監査を行う人間及び組織行為が形式主義に陥ることを警戒すべきである。第3に，日本の状況に合うように修正を加えることである。内部統制は，アメリカの制度がそのベースになっており，日本企業の状況や大手企業，中堅企業などに関する状況や中小企業における内部統制の的確なガイドラインも示すべきである。

〔注〕
1) （鳥羽2005，1ページ）。
2) （吉川2007，183ページ）。

<参考文献>
・企業会計審議会内部統制部会（2007年2月）「財務報告に係る内部統制の評価および監査の基準，財務報告に係る内部統制の評価および監査に関する実施基準設定について」公表。
・鳥羽至英（2005）『内部統制の理論と実務』国元書房。
・日本公認会計士協会（2007年7月）「財務報告に係る内部統制の監査に関する実務上の取扱い」。
・洪　聖協（2007）『内部統制実践パーフェクトガイド－内部統制の理論・構築・評価

Chapter Ⅴ 企業統治と監査・内部統制

　の実務-』カナリア書房。
・-（2008）『内部統制有効性の評価- Ｊ-ＳＯＸ法運用評価の実践とＥＲＭの展開』
　生産性出版。
・吉川吉衛（2007）『企業リスクマネジメントシステム』中央経済社。

Chapter VI　非営利企業の企業統治

1　非営利企業とは何か

　「非営利企業」という言葉を聞いて，違和感を持つ人も多いのではないかと思われる。「企業」とは，利潤を目的として，営まれるものであり，「非営利」と「企業」は相矛盾する概念が共存しているのではないかと思う方も多いかもしれない。「非営利」とは，全く利潤を追求しないということではなく，「剰余金を構成員に分配することを目的としない」ことを意味している。もし利益をあげることができていても，構成員（社員など）に分配することはせずに，利益は，企業の活動目的を達成するための将来の費用にあてていくものであると考えることができる。この章では，「企業」の概念をかなり広く理解して，「ある目的を追求するために継続的に経営されている事業体（法人）」をすべて企業として認識する。つまり，この章で使われる「非営利企業」という言葉は，現在の日本の法制度のもとで，具体的に言えば，特定非営利活動法人（以下「ＮＰＯ法人」と呼ぶ）、公益社団・財団法人だけでなく，一般社団・財団法人，社会福祉法人，学校法人，医療法人，宗教法人を含む，かなり広範囲な事業体の総称である（協同組合は，利益の追求が目的ではないものの，配当が制限が存在するとはいえ，可能であり，その意味において，非営利企業ではない）。

　日本においては，かつては，民法の規定において，基本的に，営利法人以外の法人は，すべて公益性が必要とされ，主務官庁の許可・監督を必要とする形となっていたため，自由に非営利法人を設立することは認められていなかった。そのために，新たな問題に取り組むための非営利法人の設立に関する社会的要請に対して，その都度，新たな特別法を制定することによって，対応してきた。その結果として，非営利法人についての法律が乱立し，多種多様な法人格が存

図表Ⅵ-1　法人格による分類

	NPO法人	一般社団法人	一般財団法人	公益社団法人・公益財団法人	社会福祉法人	医療法人	学校法人	宗教法人	協同組合	株式会社
目的	特定非営利活動を主目的	目的や事業に制約なし	左記に同じ	不特定多数の利益の実現	社会福祉事業	病院、診療所、介護老人保健施設	私立学校	宗教団体	共通目的のための相互扶助組織	定款に掲げる事業による利潤の追求
根拠法	NPO法	一般社団法人及び一般財団法人に関する法律	左記に同じ	公益社団法人及び公益財団法人の認定等に関する法律	社会福祉法	医療法	私立学校法	宗教法人法	各種の協同組合法	会社法
設立要件	社員10名以上(常時)	社員2名以上	拠出財産300万円以上	左記の一般法人に準じる	一定規模以上の財産	一定規模以上の財産および医師	一定額以上の財産	礼拝の施設	発起人が4名以上	株主が1名以上
基本規則	定款	定款	定款	定款/寄附行為	定款	定款	寄附行為	規則	定款	定款
議決権	1社員1票	1社員1票	1評議員1票	1社員1票/1理事1票	1理事1票	1社員1票/1理事1票	1理事1票	1責任社員1票	一人一票	出資比率に応じて
最高議決機関	社員総会	社員総会	評議員会	社員総会/評議員会	理事会	社員総会/理事会	理事会	責任役員	総代会	株主総会
剰余金	分配できない	分配できない	分配できない	分配できない	分配できない	分配できない	分配できない	分配できない	分配できる	分配できる

出典：各種資料より筆者作成。

在する状態となってしまった。社会を取り巻く環境の変化の中で，公益性が乏しくなった法人が存在することや官僚の天下りをめぐる問題などが指摘されるようになるとともに，非営利企業に関する法制の見直しを含めた，その基本的なあり方が大きな課題となっていった。こうした中，平成10年（1998年）12月に特定非営利活動促進法（以下「ＮＰＯ法」と呼ぶ）が施行されたのを端緒として，それ以後，法制度の大幅な見直しが行われた。平成20年（2008年）12月に公益法人関連三法が施行されることにより，非営利企業に関わる法制度の改革はひとつの大きな節目を迎えた（平成25年（2013年）11月に移行期間が終了した）。

Chapter Ⅵ 非営利企業の企業統治

　日本では，少子高齢化の進展，国・地方を含めた政府全体の財政健全化への国民的な要請，福祉・医療分野の経済的な重要性の高まりから，行政あるいは民間営利企業だけでは，解決が難しい問題に対して，市場の論理を超えて，活動する主体としての非営利企業にかかる期待は大きくなってきている。一方で，非営利企業の中でも，比較的経営基盤がしっかりしているとされてきた学校法人や社会福祉法人といった法人についても，多くの課題が指摘されるようになってきている。さらに，政府の財政が厳しくなる状況下で，歴史的に，公共的な性格が強く，政府から手厚く財政的に支援されてきた非営利企業についても，経営の自立性を高めることへの要請が強まっている。また，訪問介護事業のように，規制緩和の進展とともに，これまで特定の非営利企業のみが，サービスを提供してきた分野への営利企業を中心とした各種法人からの参入が起こり，非営利企業はこれまでになかった厳しい競争にさらされるようになっている。非営利企業をめぐる環境が大きな変化を遂げている中で，ときとして，大規模な損失を伴う不祥事が発覚するなど，非営利企業の企業統治をめぐる問題は大きな国民的関心を呼ぶ問題となりつつある。

❷　非営利企業の企業統治論の難しさ

　非営利企業の企業統治は，営利企業の企業統治よりも困難な側面がある。この問題を明らかにするために，企業統治を考えるための二つのフレームワークを通して，この問題を明らかにする[1]。

1　エージェンシー理論

　営利企業の代表的企業形態である株式会社において，企業統治を説明するために使われている最も一般的な理論は，エージェンシー理論である。エージェンシー理論は，二組の当事者，委託者（プリンシパル）と委託者に代わって，実際に，意思決定を行う代理人（エージェンシー）の関係を問題とする。エージェンシー理論の立場からは，株主は委託者であり，経営者は代理人である。

株式会社の株主は，株主総会を通して，取締役を選任する。選任された取締役で構成された取締役会は，企業の業務執行に関する意思決定をするとともに，業務執行を監督する。では，なぜ，株主が，独占的な立場を与えられているのだろうか。その秘密は，すでに述べたような取締役の選任権に加えて，残余財産分配請求権（企業が解散した際に，債務をすべて弁済した後になお財産が余っていた場合に，その財産の分配を受けることができる権利）を株主がもっていることにある。これにより，「株式会社の所有者は株主である」と考えられている。それに対して，非営利企業では，株式会社の所有者たる株主に相等しい役割を持つ者が存在せず，所有者が存在しない企業ということになる。

　これが，非営利企業における企業統治構造が，株式会社よりも不明確になる源泉である。資金提供者という意味では株主と同じ役割をする寄付者や会員により提供された資金は非営利企業に帰属し，資金提供者は財産の払い戻しや分配の請求権を持っていない。このため，非営利企業によって実施された事業が，資金提供者の意図に反したものであっても，その責任を追及することは容易ではない。企業の所有者である株主を中核とする企業統治論をそのまま非営利企業に応用することはできないのである。

2　所有権理論

　所有権は，市場で取引される財そのものではなくて，財がもつさまざまな属性の所有権である。ここでいう「所有権」とは法律上のものではなく，より弾力的なものである。所有権は以下の三つの権利の束であると考えられる。

① 財のある特質を排他的に利用する権利
② 財のある特質が生み出す利益を獲得する権利
③ 他人にこれらを売る権利

　所有権理論は，所有権を誰かに明確に割り当てることによって，資源が効率的に利用されると主張する考えである。もし資源の所有権が明確であるならば，その資源を利用して発生する問題はすべてその所有者に帰属することになるので，所有者はマイナス効果を避け，プラス効果が出るように資源を効率的に利

用することが経済的に合理的であるからである。株式会社の場合，企業の所有者は株主であることが明確である。一方，非営利企業においては，所有者が不明確である。企業の所有者が不明確な場合，企業という資産が非効率に利用される可能性が生まれる。非営利企業の場合がこれに該当する。この場合，第三者，つまり政府の介入により，効率的な資源配分に導く場合もありうる。この意味では，日本の主務官庁によるチェックは意味のあることである。

3 ミッション策定と成果測定の困難さ

ドラッカー（P. F. Drucker）は，『非営利組織の経営』において，まず何よりも非営利組織にとって重要なことは，ミッションの定義である，と説く。ミッションは，行動本位，つまり具体的な行動につながる内容である必要がある。さらに，ミッションの定義に加えて，成果を測定することが重要であると主張している。成果を短期的成果と長期的成果の二つに区分するとともに，非営利組織のそれぞれの活動分野ごとに成果を定義することの必要性を強調している。そして，非営利組織の成果の測定が，営利企業と比較すると，困難であるとしている。この『非営利組織の経営』の考え方を実践するためのガイドブックともいうべき『非営利組織の成果重視マネジメント』において，統治と経営（運営）とを明確に区別している。そこでは，統治とマネジメントが，異なる主体の責任となっている[2]。

3 日本における非営利企業の企業統治構造

1 非営利企業を取り巻くステークホルダー

非営利企業を取り巻くステークホルダーとしては，寄付者・会員を筆頭に，受益者，社員，債権者，取引先，地方・中央政府，地域社会（住民），活動従事者（ボランティア従事者を含む）などが存在する。まず，なによりも資金提供者たる寄付者・会員は，非営利企業の活動理念や設立目的に共感して，その活動を支えたいという中核的なステークホルダーである。同じ資金提供者として，

債権者，および助成金・補助金という形で資金を提供する地方・中央政府がある。社員は，非営利企業の目的遂行に協力し，社員総会での議決権を有する存在である。受益者は，非営利企業が提供する財・サービスを享受するが，企業の活動内容により多様である。非営利企業はその活動を行うために，従業員を雇用するが，ボランティア従事者が，営利企業に比較して，重要なステークホルダーと認識される。経済的な対価を受け取ることができないので，ボランティア従事者のモチベーションを維持させることは，非営利企業にとって，非常に困難なことであり，大きな課題となる。地域社会は，多くの非営利企業の活動内容から，受益者と重なる部分が多く，非常に重要なステークホルダーと認識される。

2　非営利企業の企業統治のフレームワーク

　企業統治の議論は，非営利企業よりも営利企業，とりわけ，株式会社に関するものが大きく進展している。ここでは，株式会社に関する議論のうち，非営利企業に利用可能なものを検討する。株式会社の企業統治のフレームワークのある部分は，非営利企業についても有効であると考えられる。実際，アメリカにおいては，非営利企業にとっても，サーベンス・オクスリー法が目指すべき規範を示していると認識されている（とりわけ，内部告発者の保護政策や政府当局の調査の妨害を目的とする記録や書類などの破棄・改竄に関する政策）。

　企業統治では，①経営の健全性，②経営の効率性，③経営の透明性，を追求することが必要である。これを非営利企業に則して，考えてみよう。

① 　経営の健全性とは，狭義の財務的な健全性だけではなく，コンプライアンス（遵法）や内部統制の整備をも含んでいる。

② 　経営の効率性とは，投入された経営資源によって，どれだけ効率的にミッションが達成されているのかどうかである。非営利企業の場合，株式会社のように，財務データなどの定量的な指標を中心として，判断するだけでは不十分であり，ミッションの達成具合など定性的な判断が必要である。

③ 経営の透明性とは，迅速に，正確な情報を公開することである。

これら三つの要素が担保される企業統治構造を構築することが，非営利企業に求められている。ただし，非営利企業の場合，企業規模が多様であり，大規模企業と小規模企業とでは，必要とされる要件は異なるべきである。

3 非営利企業の企業統治構造の概観

この章の初めで触れたように，日本においては，非営利企業は，主に主務官庁ごとに監督が行われ，また，その企業統治についての詳細な規定は，特に，民法に置かれていなかった。現行制度では，基本的に，従来の主務官庁の裁量による許可主義が廃止され，代わって，登記により法人格を取得する準則主義への移行が行われ，法人自らが自主的・自律的に運営する形となった。

非営利企業の企業統治構造は，営利企業の代表例である株式会社と類似する設計思想をもっている（社団タイプ：図表Ⅵ-2：社員総会には必ずしも理事の選任する権限はない＊）。取締役会の活性化が株式会社の企業統治についての主要な改革の方向だったのに対応して，理事会を改革し，非営利企業の企業統治を有効にしようというものである。

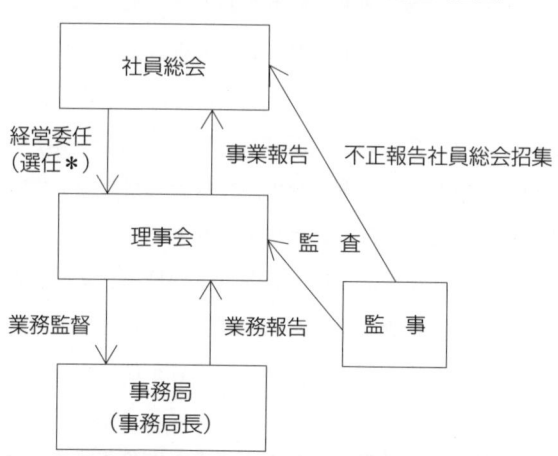

図表Ⅵ-2 非営利企業の企業統治構造（社団）

```
           社員総会
          ↗   ↑   ↖
  経営委任  事業報告  不正報告社員総会招集
  (選任*)     │        │
      ↓       │        │
           理事会 ←監 査─ 監 事
          ↓   ↑              ↑
      業務監督 業務報告         │
          ↓   │
          事務局
         (事務局長)
```

日本の非営利企業の統治構造の大きな問題点は，形式的な最高意思決定機関である社員総会，実質的な意思決定機関である理事会，さらに活動現場を預かる事務局との間の役割分担が不明瞭な点にある。ときとして，代表理事による暴走が起こったり，理事が直接事業活動に介入するなどの問題が生じていた。
　規範的には，理事が戦略的意思決定を行うとともに，活動現場をコントロールするための内部統制を整備すること，さらに，その整備状況と財務情報の信頼性を外部監査人が検証することが望まれる。
　現行制度における非営利企業の企業統治の構造を法人ごとに整理すると以下のようになる。
①一般社団法人　以下の五つのうちのいずれかの機関を選択する。
　　(イ)　社員総会および理事
　　(ロ)　社員総会，理事および監事
　　(ハ)　社員総会，理事，監事および会計監査人
　　(ニ)　社員総会，理事，理事会および監事
　　(ホ)　社員総会，理事，理事会，監事および会計監査人
②公益社団法人　上記の(ニ)，(ホ)のいずれかの機関を選択する。
③一般財団法人・公益財団法人　以下の二つの機関のいずれかを選択する。
　　(ヘ)　評議員，評議員会，理事，理事会および監事
　　(ト)　評議員，評議員会，理事，理事会，監事および会計監査人
④ＮＰＯ法人　企業統治構造はＮＰＯ法人自身が決定することを基本としている。ＮＰＯ法では，3名以上の理事および1人以上の監事の設置，役員報酬に係る制限，監事と理事の兼職禁止，役員の欠格事由の規定，全ての役員に係る名簿の作成の義務付け，等が規定されている。
⑤社会福祉法人　社会福祉法では，3名以上の理事および1人以上の監事の設置を求めているが，審査基準，定款準則では，6名以上の理事，および理事として，学識経験者または地域の福祉関係者を加えることとしており，法律よりも厳しい。任期は2年を超えることはできない（再任を妨げない）。
⑥医療法人　3名以上の理事および1人以上の監事の設置。社団たる医療法

人の場合，構成員である社員のほか，社員総会，理事長などが置かれることになっている。また，理事会も一般的に設置されている（医療法人のほぼ99％以上が社団たる医療法人である）。原則として，理事長を医師または歯科医師である理事の中から1名選任する（都道府県知事の認可を受けた場合はこの限りではない）。役員の任期は，2年を超えることはできない（再任を妨げない）。

⑦学校法人　学校の公共性を担保し，少数の理事による専断的な学校経営を防ぐため，理事を5人以上置くこととされている。なお，上限数については法令上の規定はなく，理事の定数については，各学校法人がそれぞれ寄附行為において定めている。私立学校法が一部改正され，平成17年（2005年）4月に施行され，理事会はかつては任意機関であったが法制化され，外部理事を1名選任することが求められるようになった。

⑧宗教法人　責任役員を3名以上おくこと，そのうち1人を代表役員とすること，となっており，宗教法人の企業統治構造に対する要請基準はかなり低い。設立については，所管庁による認証主義がとられており，これが宗教法人格の売買を加速しているという指摘がある。任意機関である監査機関による内部監査，文部科学省内に設置されている宗教法人審議会による監督が行われる。

4　非営利企業の企業統治の国際比較

ここでは，馬場による整理を参考にしながら，日英米の非営利企業の企業統治の特徴を比較する[3]。

法制度が日本と諸外国とでは異なるため，国際比較は難しいが，日本の非営利企業の企業構造を考察する際のイメージとして，取り上げる（図表Ⅵ-3）。

(1)　アメリカ型

アメリカにおいては，非営利企業の法人格の規定は，連邦法ではなく，州の法律で規定されている。

株式会社の取締役会が行うのと同等の職務を理事会が行い，実際の業務活動

図表Ⅵ-3　日英米の非営利企業の企業統治の典型的なタイプ

	アメリカ	イギリス	日本
ガバナンスのタイプ	私的自治型	官民協調型	行政指導型
責任体制	・理事会と事務局の役割分担が明確化している。 ・社員総会を必要としない。	・理事会と事務局の役割分担が明確化している。 ・社員総会を必要としない。	・社員総会，理事会，事務局の役割分担が不明確である。
監督主体	州の規定によるが，私的自治に基づく各企業のガバナンスが最大限に尊重されている。	チャリティ委員会による指導監督を受ける。	所管官庁の許可・指導を受ける。

出所：馬場（2013）図表Ⅵ-2を参考に，簡略化して掲載。

を行うのは，事務局長が主導する事務局である。必ずしも社員をおく必要がなく，理事会が最高意思決定機関となっている。外部監査は必ずしも必要ではなく，外部監査の有無を情報公開することにより，開示された財務情報を信じるか否かの判断を市民に委ねる形となっている。非営利企業の企業統治は，政府による規制よりも，私的自治が尊重される形となっている。

(2) イギリス型

イギリスにおいても，アメリカと同様に，理事会が最高経営意思決定機関となっている。しかしながら，アメリカと違い，行政が非営利企業の企業統治に一定の役割を演じている点が大きく異なる。イギリスでは，行政上の機関である「チャリティ委員会」に強い指導監督権限が与えられている。ただし，チャリティ委員会は第三者機関であり，民間人が構成するコミッショナーによって，中立的に行われている。企業統治の観点から，興味深いことは，チャリティ委員会が公表する財務報告に関する実務推奨規定（Statement of Recommended Practice, Accounting and Reporting by Charities）である。会計処理方法や財務諸

表のみを規定するのではなく，統治と経営についても記載する理事による年次報告書（trustees' annual report）の作成が求められている。財務諸表の適正性は，チャリティ委員会が直接検証するのではなく，財政規模に応じて外部監査または独立検査を受けることが求められている形となっている。

イギリスにおいて，注目すべきことは，コミュニティ利益会社（Community Interest Company：ＣＩＣ）が，2004年から2005年にかけて，制度化されたことである。ＣＩＣは，社会的企業（Social Enterprise）の法人化のための仕組みであるが，日本の非営利企業の企業統治構造の観点から，ひとつの将来像を示しており，興味深い。

4 非営利企業の企業統治をめぐる研究課題

非営利企業の企業統治の領域において提起されている研究課題のうちから，ここでは次の二つの問題をとりあげておくことにしたい。

1 社会的企業に関連する問題

近年，社会的企業（social enterprise）を主題とする研究が活発化しつつあってそれらの研究は日本をはじめ欧米および発展途上国の社会的企業の現状分析および国際比較などを主として展開されている。社会的企業という概念および用語は社会福祉事業などの社会的事業の分野で事業活動を行っている企業を指し，そのなかには非営利企業，協同組合，および一部の営利企業（株式会社）などが含まれている。これらの社会的企業の経営をめぐって提起されている問題のなかには研究課題として研究されるべきいくつかの重要な問題があるように思われる。例えば，①社会的企業といわれる企業が経営目標，または業績指標としてどのような目標または指標を追求しているか，あるいは追求することが望ましいのかという問題がある。とりわけ介護サービスを行っている株式会社大手各社の2014年3月期の介護事業の営業利益の予測が過去最高となるという記事[4]）を読むと，利益指標とは別の指標が必要ではないかと考えら

れる。また，②社会福祉関連事業を行っている非営利企業の倒産，火災による高齢者の犠牲者数，介護サービス従業員の労働条件および離職率などを考えるとき，株式会社におけるガバナンスとして提唱されている株主を委託者とするエージェンシー理論とは異なる視点からの企業統治の理論，およびガバナンスのあり方が早急に検討され構築されることが要請されているように思われる。

2　中小規模非営利企業の問題

　非営利企業のうち，介護事業などの社会福祉事業を行っている企業の多くは中小規模の企業である。そのような規模の非営利企業において，企業統治に関連する制度および組織を導入したり編成することは困難である。中小規模の非営利企業においては，理事および組織構成員全員が経営の健全性，公正性および効率性の価値前提に従って日常的な意思決定と行動をとることが要請されており，自律的なコントロールが行われていることが要請されている。外的な監視体制を整備することが困難だからである。このようなシステムを形成し確立するためには前提条件として何をなすべきかが問われている。

〔注〕
1) エージェンシー理論および所有権理論については，菊澤研宗著『組織の経済学入門』有斐閣，2006年の第3章及び第4章を参照。
2) P. F. ドラッカー著，上田惇生訳，『ドラッカー名著集4非営利組織の経営』ダイヤモンド社，2007年。ドラッカーが議論の対象としているのは，日米の法制度の違いがあるものの，ほぼこの章の非営利企業に匹敵するものである。P. F. ドラッカー／G. J. スターン著，田中弥生監訳『非営利組織の成果重視マネジメント』ダイヤモンド社，2000年。
3) 馬場英朗著「非営利組織のガバナンス」『地域社会デザイン研究』第1号，2013年，13-18ページ。
　　(http://baba-hi72.up.seesaa.net/image/CommunityDesign2013baba-94663.pdf)。
4) 日本経済新聞，2013年9月14日，夕刊。

<参考文献>

- 菊澤研宗著『比較コーポレート・ガバナンス論』有斐閣，2004年。
- 小島愛著『医療システムとコーポレート・ガバナンス』文眞堂，2008年。
- 中島隆信著『こうして組織は腐敗する』中央公論新社，2013年。
- 小島廣光著「非営利組織のマネジメント研究」『経済学研究』北海道大学，46－3，1996年12月。
  (http://eprints.lib.hokudai.ac.jp/dspace/bitstream/2115/32033/1/46(3)_P8-57.pdf)

Chapter Ⅶ 補論：企業統治における消費者の権益

はじめに－問題の所在

　コーポレート・ガバナンスがわが国では「企業統治」と訳され論議されはじめてから20年近くが経過している。この間にコーポレート・ガバナンスに関する論文，著書，報告書などが数多く公表される一方，企業レベルにおいてもコーポレート・ガバナンスに関連する改革が進められており，2006年5月の会社法の施行によりわが国のコーポレート・ガバナンスの制度的な枠組みはほぼ固まってきたといってよい。

　しかし，その一方で企業の反倫理的な違法行為は依然として続発しており，ガバナンスの有効性を問う議論が提起されている。とりわけ最近多発している企業不祥事は企業の側に消費者権益の視点が欠落しているか，消費者に対する方針があっても，それが現場に具体化されていなかったのではないかと考えられるケースが多い。

　ここでは以上のような問題意識を基底にしてコーポレート・ガバナンスにおける消費者の権益というテーマに対し，1　企業における消費者権益優先の認識と行動，2　法的規制からみた消費者保護，3　企業における消費者・顧客の担当組織，4　消費者・顧客重視の経営理念・方針，5　取締役会の構成と執行システムといった問題をとりあげ主題に接近することとしたい。6　結語－課題と展望においてコーポレート・ガバナンスにおける消費者の位置づけをめぐってどのような課題が残されているかを述べ結論としたい。

1 消費者権益優先の認識と行動

　コーポレート・ガバナンスの有効性を問う前に，企業の不祥事がなぜ発生するか，それが発生する根本的な原因は何かについて考えてみることが必要である[1]。企業の反倫理的行動や違法行為を誘発する要因として考えられるものは，(1) 消費者，顧客の利益の軽視，(2) 企業の株価ないし株式時価総額の過大評価による不正会計への誘惑，(3) 組織やシステムの設計にあたって設計上のミスや問題がある場合などがあげられるが，最近多発している食品業界における消費期限切れの原材料使用問題や製品表示の書き変え，虚偽表示などのケースをみると，企業の側に消費者，顧客の権利や利益に対する配慮が欠落しているとしかいいようのない問題が提起されている。顧客を軽視して問題を生じているケースとして保険会社の例をあげることができる。この場合，問題（保険金の不払い）の原因として業務および管理活動が顧客（契約者）の利益を最優先するという視点から行われていなかったこと，しかも金融庁の処分対象となった会社はいずれも日本有数の大手企業であること，さらにこれらの企業には内部統制組織が編成されているにもかかわらずそれが機能しなかったという指摘がある。これらの事実は顧客軽視の体質が根深く存在していることを示唆している。

　このような事例を見ると企業における組織や個人が株主の眼でなく，顧客の眼で判断し行動することが強く要請されているのではないか。米誌『ビジネスウィーク』(07年3月5日号) は「顧客サービスのチャンピオン企業」25社を選んでいるが，その2位に入っているフォーシーズンズホテルでは，従業員の職種を問わず現場の従業員まですべてに，年間何日か無料で同ホテルに宿泊させることにしている。従業員は顧客の眼，感覚，判断基準を体験を通じて学び，顧客の身になって考え，同ホテルは行動する従業員の育成に努力している。この成果が顧客サービスのチャンピオン企業に選ばれたのかもしれない。

　このように，不祥事の原因がどこにあるかと問われれば，要因の一つとして顧客の利益を重視し，顧客利益を判断基準として業務および管理活動が行われ

ていないことが挙げられよう。とりわけ食品，医薬品，家庭用品，器具，輸送用機器，運輸業，ホテル業，金融・保険・証券など顧客の生命，健康，財産に直接影響を与える製品，サービスを扱う企業の場合，海外およびわが国で発生している不祥事の多くは顧客の身になるという視点が欠落しているかそれが希薄な経営にその原因があるように思われる。

2 法的規制からみた消費者の権益

コーポレート・ガバナンスは経営の執行活動に対する監視の機能およびシステムを指すものと考えられる。この場合，執行活動の前段階には方針の決定が行われていなければならず，したがって執行活動に対する監視はあらかじめ決定された方針どおり経営が執行されているか否かについて行われることを意味している。方針の決定および方針にしたがって執行活動が行われる場合，方針および執行活動に影響を与える要因の一つに法規制がある。企業活動に関連する法が新たに制定されれば企業は方針のなかに新たな法規制の内容を組み入れる必要があり，その場合，執行活動の面で法に抵触しない行動が選択され執行活動は法規制の制約を受けることになる。

企業のステイクホルダー別にみると，はじめに株主の権益が法的保護の対象としてとりあげられ，次いで従業員の権益が法的保護の対象となり，相当遅れて消費者および地域社会の権益が法的保護の対象としてとりあげられていることに注意したい。歴史的にみると，わが国では商法制定にともない会社制度上，株主の権利が制度的に規定され，さらに1940年代に証券取引法が公認会計士監査を制度化して株主を保護し，また同じく40年代に労働基準法，労働組合法，労働関係調整法などの制定により労働者および労働組合の権利が法的保護の対象となった。1960年代に入ってから，ようやく消費者および地域社会が法的保護の対象に加えられるようになった（図表Ⅶ－1参照)[2]。しかも製造物責任法（ＰＬ法）の制定は1994年であり制定後まだ20年を経過しているに過ぎず，消費者契約法もまだ制定後14年を経過しているに過ぎない。

図表Ⅶ-1　消費者に関連する主な法の制定

1960年　薬事法
1961年　割賦販売法
1962年　景品表示法
1968年　消費者保護基本法（現　消費者基本法）
1973年　消費生活用製品安全法
1976年　訪問販売法（現　特定商取引法）
1978年　無限連鎖講（ねずみ講）防止法
1983年　貸金業規制法
1994年　製造物責任法（ＰＬ法）
2001年　消費者契約法　金融商品販売法　電子契約法
2003年　食品安全基本法
2004年　消費者保護基本法が消費者基本法に改称
2005年　携帯電話不正利用防止法，食育基本法
2007年　消費者契約法の一部改正による消費者団体訴訟制度，金融商品取引法
2009年　消費者庁設置法，消費者安全法
2012年　消費者教育推進法

　こうした法規制は，企業にとっては企業の外部環境の変化を意味しており，これが企業に対して与える影響としては少なくとも次の二つの点を指摘することができる。その一つは，企業の意思決定領域に消費者の利益を位置づけなければならず，このことが企業にとっては目標，価値体系，行動様式の修正を行う機会または革新を刺激する機会となることであり，第2には，消費者と企業との関係を管理する機能を経営管理機能および組織の中に位置づけなければならないことである。まず第1の点からみると，消費者の権利および利益に関する法規制が拡大され強化されることにより企業内の目標，価値前提のなかに消費者ないし顧客の利益を重視する視点または評価項目が導入されなければならず，たとえば製造物責任法の制定に対応して，企業における製品の品質，安全性の点検や管理は製造物責任（product liability）という視点，価値前提に立った方針にしたがって執行されなければならなくなっている。
　第2の点，すなわち法規制に対する組織的対応の問題については，まず(1)消費者の権益に関する直接的な規制法ではないが会社法では内部統制組織の編

成が義務づけられていることから，すべての大会社と委員会設置会社は内部統制システムの構築に関する基本方針を決定し，その内容を事業報告で開示することが求められている。監査役会設置会社の場合を例にとると，内部統制システムというのは，取締役および従業員の職務の執行が法令および会社の定款に適合することを確保するための体制（会社法362条4項6号参照）であり，法令違法行為の把握，法令遵守マニュアルの作成，監督体制など法令違反行為の監視，法令違反行為が生じた場合の対処方法，対処機関などが含まれるものと考えられる。このような内部統制の組織の編成のほかに，(2) 消費者利益の保護を規定した法の制定にともない，企業と消費者との間に提起される問題を担当する組織，コミュニケーション担当の組織を編成する必要がある。このような消費者と企業の間の問題を担当する組織として，1960年代には消費者部，コンシューマー部の名称をもつ組織部門が日本の消費生活用品，食品を扱う大企業に編成されていたが，最近では消費者部，コンシューマーという名称はほとんど使われていないようで，対顧客という観点からカスタマーセンター，お客様センターという名称が一般に使用されており，その機能も変化してきている。いずれにしても消費者とのコミュニケーションを担当する組織は，企業の行動全般をはじめ，製品の品質，デザイン，使用方法，販売方法，広告などにわたる消費者からの情報を収集するとともに，さまざまな問い合わせ，苦情に対応するというきわめて重要な機能を担当している。これらの消費者担当の組織の問題を次にとりあげることにしたい。

3　企業における消費者・顧客関係担当の組織

　企業と消費者，顧客との関係を担当する組織は，すでに述べたとおり，わが国では1960年代に大企業の消費生活用品，食品メーカーにおいて編成されている。いまこの動きとその背景を歴史的にたどってみることにしよう。わが国では1968年（昭和43年）に消費者保護基本法（現，消費者基本法）が成立，欠陥商品問題が多発してコンシューマリズムが台頭し企業にとって消費者個人の苦情を処理していくといった事後処理の姿勢ではもはや問題は解決できなくなって

図表Ⅶ−2　歴史的にみた企業の対消費者窓口の例−1960年代

企業名	組織名	組織の母体	発足時	構成人員	主な活動内容
味の素	コンシューマーズ・ビューロー（社外的名称）	広報室	45・11	4名	・消費者向けPR誌（マイ・ファミリー）の発行 ・商品クレーム処理，品質に関する質問処理 ・生活学校（参加メンバー・主婦，学者，自治体，各企業）においての対話集会 ・国内外の情報収集（技術関係を除く） ・社内報の編集・発行
日本ハム	消費者サービス室		43・4	本社　5名（内・栄養士2名） 分室　2名（内・栄養士1名）	・料理講習会 ・クレーム処理 ・奥様重役会の運営 ・ファミリー会（奥様重役OB）の運営
東芝商事	消費者部	広報部	46・2	11名	・東芝生活モニター（全国100名・期間6ヶ月）活動 ・クレーム処理 ・消費者サイドに立ってのトップに対する提言活動
三洋電機	消費者相談室	品質経営本部のMU（モラールアップ）室	46・2	東京　2名 大坂　6名	・消費者連盟，主婦連，地婦連等の消費者団体及び関係官庁に積極的に出向いての商品説明，あるいはアドバイスを受ける。 ・クレーム処理 ・電気製品に関する勉強会への出席
資生堂	消費者課	広報室	46・2	12名（美容部員含む）	
サンスター	信頼促進部	社長室	46・4	2名	
プリマハム	消費者代表室		42・4	5名（栄養士含む）	
トヨタ自動車	ユーザー相談室				
日本ビクター	消費者相談部				
紀文	コンシューマ・サービス室	マーケティング室			

出所：ダイヤモンド社「近代経営」1971年8月号による。

きたといえよう。1960年代における消費者運動には次のような特徴がみいださ
れる[3]。

　第1に，消費者が個人的な苦情を企業に持ち込むよりも，むしろ，消費者が
組織化され，その組織が地域的な広がりをもって運動を展開していた。

　第2に，各種の消費者団体は，商品に対する調査研究ならびに世論形成に積
極的な活動のプログラムをもっていたことである。関西主婦連の主婦の商品学
校，生協連婦人部会の商品テストグループの学習活動，消費科学センターの消
費者大学などは，いずれもそうした動きを示すものであった。

　第3に，消費者の関心を商品に向けるような行政の側からの支持が活発に
行われていたことである。テレビでは文部省の「かしこい消費者」，通産省の
「ご存じですか奥さま」，農林省の「食料品の話題と市況」などがとりあげら
れ，映画やスライドによる消費者教育もさかんであった。

　第4に，消費者運動が，ただ単にテストや学習にとどまらず，共同販売や共
同購入といった活動を通じて，積極的に有害商品を排除し，いわゆる行動する
消費者のタイプを示していたことである。

　こうした消費者運動および消費者から提起されるクレームに対応するための
窓口として1960年代に消費生活用品および食品メーカーの間に消費者部，コン
シューマー部の名称をもつ組織が編成された（図表Ⅶ-2参照）。図表Ⅶ-2の
「主な活動内容」の欄をみるとわかるように，これらの消費者部，コンシュー
マー部の活動内容は「商品クレームの処理」を主とするもので，しかも組織と
しては広報室，広告部を母体として編成されていることを示している。1960年
代に一部の大企業において発足し，編成されたこのような対消費者部門組織は
現在，どのような状況になっているかをみることにしよう。

　近年，企業の対消費者関係部門の組織は，消費者部，コンシューマー部の名
称は使用されず，カスタマーセンターなどの名称が使用されているが，顧客重
視や顧客満足の観点から，顧客への対応の要請にしたがって現在，日本の大企
業では顧客対応の窓口を「設置している」企業が多い。たとえば財団法人社会
経済生産性本部（現 日本生産性本部）の調査によると，顧客対応の窓口を「設

置している」と回答した企業は344社中260社,75.6％を占め,「検討中」が14社,4.1％となっている[4]。

なお,この調査は全業種にわたる大企業344社からの回答をベースにしたものだが,「食品企業」だけを対象とした消費者対応部門の設置状況をみると「設置している」企業は9割程度に達している[5]。

顧客対応窓口の形態はどのように編成されているかについての質問に対する回答を,さきの社会経済生産性本部(現 日本生産性本部)の調査からみると次のとおりである。

平日昼間対応の相談窓口	232	89.2％
休日昼間対応の相談窓口	78	30.0％
夜間対応の相談窓口	58	22.3％
メールによる相談受付	175	67.3％
その他	27	10.4％
無回答	2	3.8％
非該当	84	
		100

顧客対応のなかで伝統的な活動の一つは苦情処理であるが,平日昼間対応(複数回答89.2％)が多いのは当然であるとしてもITの普及などによるメールでの受付(同67.3％)がみられるほか,休日対応(同30.0％),夜間対応(同22.3％)など,多様化した対応を示している。苦情に対する基準の有無についての質問に対する回答は,基準が「ある」が61.9％,「検討中」10.8％,「なし」23.5％,となっている。

企業の行動,または企業が提供する製品やサービスに対する苦情,および問題の発生を回避するためにどのような配慮をしているかについての質問に対する回答は,「製造・販売の取りやめ」(複数回答37％),「取扱説明書での注意喚起」(同66.7％)のような対応のほかに,「設計時のレビュー」(同69％),さらに「代替製品の開発」(同41.9％)などのように,生産段階における対応が多くなっていることが注目される。これらの行動には,PL法の制定,消費者による訴訟を含む問題提起の増加が背景にあると考えられる[6]。

4　消費者・顧客重視の経営理念・経営方針

　最近多発している企業不祥事の多くは消費者ないし顧客の利益の視点が欠落した企業行動によるもので，企業の収益性，効率性を最優先とする視点からの企業行動の結果とみることができる。企業の立場からすれば，ステイクホルダーとしての消費者の権益に対する認識，意思決定領域における重要度，優先順位が，他のステイクホルダー，たとえば株主，従業員ほど高くはないことからこうした企業行動が選択されたと考えることができる。

　日本の大手保険会社において生じている巨額の保険金不払いをはじめ，食品関係の老舗企業に多発している製品の偽装，虚偽表示などの不祥事は，いずれも相当に以前から長期にわたりなかば経営慣行として企業内で不問に付せられていたことが明らかにされており，経営方針の見直しをはかるか，すでに成文化されている経営方針がある場合にはその具体化をいかに進めるかに着手すべきであろう。経営方針のなかで消費者，顧客の利益を最優先とする考え方を確立するとともに，消費者利益を業務および管理活動のなかに具体化することが課題となる。経営方針のなかに明確に位置づけることが必要である。もともと会社は株主のものであり株主の利益のために存在するという株主資本主義の立場からすれば，経営方針のなかに消費者，顧客の利益を導入し，位置づけることには株主から抵抗があるかもしれない。しかし，近年の状況は，株主資本主義とは反対の方向に進んでいるように考えられる。Ｊ＆Ｊ社の"Our Credo"（「わが社の信条」）はすでに広く知られているとおり，同社の経営が「第一」に患者とその家族，医師，看護師など同社の顧客（医薬品メーカーであることから）のために行われることを明らかにしており，「第二に」従業員および家族，「第三に」地域社会，「第四に」株主のためにというように優先順位を明確にした方針を示していることは注目される。またイオンは2005年に，エーザイは2004年において株主総会で定款を変更して顧客重視の経営理念を規定している。もともとわが国には「売り手よし」「買い手よし」「世間よし」の三方よしの経営哲学が近江商人の伝統的な商人道として継承されてきており，この近江商人の

哲学ないし理念は，不祥事の多発する現在において見直されるべき価値ある経営倫理ではないかと考えられる[7]。

顧客の側に提供されるべき情報が不足している場合，考えがまとまらない顧客は往々にして購買の意思決定を誤る。企業にとってはそのような顧客はきわめて収益性が高いことに気づいているという。

しかし，ハーバード・ビジネススクールのゲイル・マクガバン教授およびヤンミ・ムン教授は，さまざまな業界の数十名のビジネス・リーダーたちにインタビューした結果，「顧客の混乱から利を得ている企業のほとんどは，知らず知らずのうちにそのような罠にはまってしまっていることも判定した。そのような企業は何年にもわたって顧客を食い物にしてきたが，企てによるものではない。事実，ほとんどが「一線を越えてしまった」という決定的瞬間を意識していない。むしろ気がついたら危険な斜面に足を踏み込んでおり，ますます反顧客的な戦略へと導かれてしまったといえる」と述べている[8]。このような慣行，行動の傾向を促進しているものは何であろうか。このような問題を促進している背景には，たとえば，創業以来の経営理念や企業文化を希薄化させ，拡散してしまうような要因が数多く存在していることに注意したい。企業規模の拡大，取引規模の拡大，取引の高速化，事業の多角化，M＆A，ＩＴ化などによって組織や個人の行動や意識の基底にあるべき経営理念や倫理的価値が空洞化していく傾向を促進する。このような背景と要因が存在する以上，経営理念，顧客重視の方針について企業内で周知徹底をはかる継続的な努力が必要である。

5　取締役会の構成と執行システム

企業行動のなかで，消費者の権利や利益がそこなわれないように，さらに高い顧客満足を実現するようなコーポレート・ガバナンスのあり方が要請されている。このような要請にこたえるための条件のひとつとして取締役会の構成と執行システムについて検討することにしたい。新しい会社制度のもとで，たとえば委員会設置会社の場合には三つの委員会（監査委員会，指名委員会，報酬委員会）を設置するとともに，社外取締役が，それぞれの委員会の過半数を占め

ることが規定されている。しかし考えてみると委員会のなかでも指名委員会および報酬委員会は企業内の役員の人事と報酬を決める委員会にすぎずそれらが重要であることは否定しえないが，日常的な業務ではなく，企業が日常的に接触している消費者・顧客の利益とは直接の関係はないといってよい。このようにみると取締役会の構成について，委員会設置会社，監査役会設置会社のいずれにおいても，次の点を検討することが重要である。

　第1に，取締役会の全員，および執行役または執行役員全員および全従業員が消費者・顧客の権利および利益を重視するという認識をもち，それを全社的な価値前提とするために取締役会の決定する方針のなかに消費者の利益を明確に位置づけることである。第2に，取締役会のなかに，消費者の利益と権利の保護を第一義的な職務とする取締役を選任することである。このような職務をもつ取締役は，社外取締役，内部取締役のいずれでもよく，内部取締役の場合は消費者担当取締役制として，労務・人事担当，株主・投資家を対象とするＩＲ担当などステイクホルダー別の担当取締役とならんで位置づけることができる。このような取締役の構成に対応して執行役または執行役員とよばれる専門経営者および管理者，従業員によって編成される業務・管理活動のなかに不正や違法，消費者利益を侵害する行動を排除する方針が確立し，徹底していることが必要であり，さらに不祥事の原因となっている問題に対して十分対応でき，問題を解決する方法が準備されていることが要請されよう。

　コーポレート・ガバナンスの観点から課題の一つは，取締役会が決定した方針のなかに明示された倫理基準と，短期的利益の目標や価値との間に乖離や分裂が生じないようにすることである。消費者利益のために規定された倫理的な方針や基準にもとづいて行われた個人または組織の決定や行動が，別の評価基準によって低く評価されたり批判を受けることのないように，整合性のある価値体系が企業内に形成され確立されることが必要である。倫理基準にもとづく決定と行動を推進する経営者の強力なリーダーシップが期待される。

　第2に英米型コーポレート・ガバナンスおよびわが国の委員会設置会社の場合には社外取締役（アメリカの場合，独立取締役）の役割に大きな期待がかけら

れているが，企業の経営戦略策定，事業創造，経営資源の配分，財務および資本支出，各事業部門の活動と管理といった問題は，内部の取締役，専門経営者，管理者による適切な決定と執行によらなければ経営の成果は期待できない。このため執行役，執行役員とよばれる専門経営者，管理者たちに相応しい地位，待遇，権限，責任が与えられているかどうか，それが経営管理活動の動因となっているかどうかが課題となる。

　取締役会の方針決定や監督のあり方は経営者，管理者および従業員の潜在的な能力を発揮できる条件をつくることであって，つねに違法性の視点からのみ監視すれば活動は萎縮せざるを得ないということも考慮すべきであろう。

　コーポレート・ガバナンスの制度的機構が整備されることによって，消費者の利益の侵害，不正，違法な行動の発見，抑止，除去がどれだけできるかが問題である。

　企業が会社法などの法規制に対応して会社法上の機関を編成し，人員を選任，配置したというだけでコーポレート・ガバナンスの機能が発揮されるわけではない。すぐれた法が制定されても，それによって法の実効が期待されるか否かは主体者の意思と行動にかかっているからである。企業行動の主体である経営者，管理者，従業員の意識と組織的努力によって，適切で機敏な意思決定が行われ，不正や反倫理的行動に対して自己規制力が有効に働くような業務活動と管理活動のシステムを確立することが期待されている。

6　結　語－課題と展望

　コーポレート・ガバナンスにおける消費者の権益をめぐって1～5の問題を検討してきたが，ここではこれらの問題を要約し，残されている課題は何かについて展望することとしたい。まず第1に，コーポレート・ガバナンスにおける消費者権益の確立のための目標の一つは，消費者権益を優先し重視するという認識と行動が企業組織の全体に徹底し具体化していることであると考えられる。これは組織のメンバーがつねに顧客の身になって考え，行動することで経営者，管理者のリーダーシップが発揮されることを期待したい。第2に法規制

Chapter Ⅶ　補論：企業統治における消費者の権益

からみた消費者保護について，株主，従業員などのステイクホルダーに対比すると，相当に遅れて法的保護の対象に入っていることが明らかである。法規制に対応して企業内で意思決定領域の拡大および消費者に関連する組織の編成が求められることである。問題は法規制が存在していないが，消費者や顧客にマイナスの影響を及ぼしつつある問題はないか，コンプライアンス（法令遵守）のみでなく問題が発生していないか，また問題発生の可能性はないかについてリスク管理の視点から点検することが必要であろう。第３に，企業における消費者・顧客関係担当の組織について編成当初の1960年代および現在の状況をフォローしたが，消費者・顧客からの収集された情報が，適切に分類され関連する意思決定部門に連結していることが重要である。窓口にクレイムは受理されていたが，意思決定部門に伝達されていないか，何ら対応措置がとられていなかったという事例が問題である。第４に，企業内に消費者重視の経営理念・経営方針を導入し確立することが要請され，イオン，エーザイなど日本の企業の一部にみられるように定款に経営理念を規定し，コンプライアンスの課題に入れることも検討されてよいと考えられる。第５に，取締役会の構成および執行体制を見直し，消費者・顧客関係の問題を担当する取締役を選任することが必要であると考えられる。取締役会には委員会型の場合，単なる役員の人事，報酬を決める指名委員会，報酬委員会の取締役が選任され，多くの企業ではＩＲ担当，労務・人事，取締役が選任されておりながら消費者・顧客を第一義的な職務の課題とする取締役がいないとすれば消費者の利益が意思決定領域において位置づけられていないといえるかもしれない。

　最近の多発する不祥事を解決するためには，以上のようにコーポレート・ガバナンスの構築が必要条件であると考えられる。

(付記)　本稿は日本消費経済学会年報第29号に掲載（2008．3）の拙稿「コーポレート・ガバナンスにおける消費者の権益」に加筆，補正したものであることをおことわりしておきたい。

〔注〕
1) 菊池敏夫「不祥事を抑制する企業統治」『エコノミスト』毎日新聞社，2007年4月3日，58～60ページ。
2) 清水鳩子「消費者運動の歴史と課題」『日本の消費者問題』（樋口一清・井内正敏編著）所収，190ページ。建帛社，2007年。
3) 菊池敏夫「利害者集団としての消費者」『環境変化と経営』日本マンパワー，1973年6月，23～24ページ。
4) 財団法人　社会経済生産性本部コンサルティング事業部（ＣＳＲ指標化委員会）『企業の社会的責任（ＣＳＲ）指標化に関する調査・調査報書』，2005年，86ページ。
5) 滝田　章「食品企業における消費者対応の現状と課題」『日本の消費者問題』，所収，69ページ。
6) 財団法人　社会経済生産性本部，前掲書，86～87ページ。
7) 舟橋晴雄「経営理念長寿企業に学べ」日本経済新聞，2006年9月20日。
8) ゲイル・マクガバン／ヤンミ・ムン，「お客様が敵に変わる時」『ダイヤモンド・ハーバード・ビジネス・レビュー』2007年10月号，71～72ページ。

＜主要参考文献＞
1) 菊池敏夫『現代企業論―責任と統治―』中央経済社，2007年9月。
2) 経済産業省企業行動課編『コーポレート・ガバナンスと内部統制』経済産業調査会，2007年。
3) G. Goyder, *The Responsible Company*, 1961, ジョージ・ゴイダー『第三の企業体制』喜多了祐訳，春秋社，1963年。
4) 佐藤和代「顧客の声は宝の山か―顧客接点における相談情報の活用」日本消費経済学会年報第28号，2006（日本消費経済学会），2007年3月31日。
5) Martin T. Biegelman & Joel T. Bartow, *Executive Roadmap to Fraud Prevention and Internal Control*. John & Wiley & Son, Inc. 2006.
6) 伊藤　進，村千鶴子，高橋岩和，鈴木深雪『消費者法』第4版（2013），日本評論社。

索　引

〔英文〕

Berle & Means ……………… 24
CSRに関する指針 ……………… 5
J&J社の"Our Credo" ……… 140
OECDコーポレート・ガバナンス …… 93
SOX法 ……………………… 102

〔あ行〕

アドバイザリー・ボード …………… 97
委員会設置会社 ………………… 32
委員会設置会社制度 …………… 13
一言堂 …………………………… 59
運用状況評価 ………………… 108
英米型コーポレート・ガバナンス …… 142
エージェンシー（agency）理論 …… 3, 119
エンロン（Enron）……………… 8
央企 ……………………………… 58
お客様センター ………………… 135

〔か行〕

会社機関 ………………………… 78
カスタマーセンター …………… 135, 137
株式会社 ………………………… 79
監査委員会 …………………… 8, 83
監査室，監査部の編成 …………… 5
監査等委員会設置会社制度 …… 91
監査役 ………………………… 80
監査役会設置会社 ……………… 32
監査役会設置会社制度 ………… 13
機関株主 ………………………… 26

機関投資家 …………………… 53
企業行動規範 …………………… 5
企業行動憲章 …………………… 4
企業国有資産法 ………………… 57
企業統治 ……………………… 119
企業統治の主体 ………………… 25
企業統治の性質 ………………… 19
企業統治のフレームワーク …… 122
企業における消費者・顧客関係の
　組織 ………………………… 135
企業の対消費者関係部門の組織 …… 137
企業の反倫理的行動や違法行為を
　誘発する要因 ……………… 132
企業の不祥事 …………………… 3
キャドバリー報告 ……………… 7
共同決定法 …………………… 67
業務執行 ……………………… 87
近代企業制度 ………………… 49
金融商品取引法 ……………… 101
経営者支配 …………………… 24
経営者の任免 ………………… 25
経営の健全化 ………………… 31
公正性（社会性，倫理性，
　適法性を含む）……………… 3
公正性および効率性 …………… 4
効率性 ………………………… 3
コーポレート・ガバナンスにおける
　消費者の位置づけ ………… 131
顧客サービスのチャンピオン …… 132
顧客利益 ……………………… 132
国営企業 ……………………… 48

国際比較 ………………………… 125
国資企業 ………………………… 58
国有資産監督管理委員会 ……… 69
国有独資公司 …………………… 68
コンシューマ・サービス室 …… 136
コンシューマーズ・ビューロー … 136
コンシューマー部 ………… 135, 137
公司法 …………………………… 50
コンプライアンス（法令遵守）… 143

〔さ行〕

サーベンズ・オクスリー法 …… 8
最高管理 ………………………… 20
最高管理活動 …………………… 20
最大株主 ………………………… 85
三権分立 ………………………… 52
三方よしの経営哲学 …………… 140
自己規制力 ……………………… 6
自己規範 ………………………… 3
自己統治 ………………………… 6
支配者 …………………………… 21
指名委員会 ……………………… 8
社外監査役 ……………………… 35
社会的企業（social enterprise）… 127
社外取締役 ………………… 5, 35, 81
社外取締役の法的義務化 ……… 91
社外役員 ………………………… 39
従業員支配 ……………………… 27
従業員代表 ……………………… 65
従業員代表監査役 ……………… 70
従業員代表大会 ………………… 71
従業員代表取締役 ……………… 63
集中的所有構造 ………………… 25
授権資本制度 …………………… 56

受動的出資者 …………………… 23
上級管理職 ……………………… 74
証券投資基金 …………………… 54
証券法 …………………………… 51
上場会社統治準則 ……………… 55
消費期限切れの原材料使用問題 … 132
消費者・顧客重視の経営理念・
　経営方針 ……………………… 139
消費者運動 ……………………… 137
消費者課 ………………………… 136
消費者権益 ……………………… 142
消費者サービス室 ……………… 136
消費者相談室 …………………… 136
消費者相談部 …………………… 136
消費者代表室 …………………… 136
消費者担当取締役制 …………… 141
消費者に関する法の制度 ……… 134
消費者の権益 …………………… 131
消費者部 …………………… 135, 136, 137
消費者保護基本法
　（現　消費者基本法）………… 135
所有権理論 ……………………… 120
所有支配 ………………………… 26
処長（manegerial function）…… 21
新会社法 ………………………… 101
人的資本 ………………………… 62
信頼促進部 ……………………… 136
ステークホルダー ……………… 121
製造物責任（product liability）… 134
製造物責任法（ＰＬ法）…… 133, 134
整備状況評価 …………………… 108
製品表示の書き換え …………… 132
制約（constraint）……………… 25
専門経営者 ………………………… 20, 23

索　引

総会屋に対する利益供与 …………… 6, 8
組成 ……………………………… 21

〔た行〕

単独事業会社支配 ………………… 27
単独非事業会社支配 ……………… 27
中間管理 …………………………… 20
中小規模非営利企業 …………… 128
定款に経営理念を規定 ………… 143
統制環境 ………………………… 101
登録資本金 ………………………… 66
独立社員 …………………………… 39
独立的評価 ……………………… 112
独立取締役 ……………………… 5, 35, 93
独立取締役の機能の有効性 ……… 8
独立役員 ……………………… 43, 94
独立役員の確保を求める措置 …… 4
特例監査委員会 …………………… 84
トップ・マネジメント組織 ……… 74
取締役会設置会社 ………………… 32
取締役と執行役の分離 …………… 5
取締役の外部化および独立化 … 12
取締役会 …………………………… 77
取締役会内委員会 ………………… 82
取締役会の外部化および独立化 … 95

〔な行〕

内部監査人 ……………………… 109
内部告発窓口 ……………………… 5
内部統制システム ………………… 5
内部統制組織編成 ……………… 134
内部統制報告書 ………………… 106
内部統制報告制度 ……………… 101

日本企業の本社組織 ……………… 5

〔は行〕

バーリー＝ミーンズ ……………… 25
非営利企業 ……………………… 117
非個人支配 ………………………… 26
非執行取締役
　（non executive directors） ……… 7
非所有支配 ………………………… 26
筆頭株主 …………………………… 72
評価手続 ………………………… 110
被用経営者 ………………………… 20
ファミリー支配 …………………… 27
ファミリー支配型 ………………… 26
複数事業会社支配 ………………… 27
複数非事業会社支配 ……………… 27
不正会計（粉飾決算） …………… 6
分散的所有構造 …………………… 25
報酬委員会 ………………………… 8
法務部 ……………………………… 5
保険会社の保険金不払い問題 …… 9
本社組織の機能と権限 …………… 5
本社組織肥大化傾向 ……………… 6
本社要員の増加要因 ……………… 5

〔ま行〕

マックスウェル（Maxwell） ……… 7
ミッションの定義 ……………… 121
無機能出資者 …………………… 23

〔や行〕

有効性評価 ……………………… 109
ユーザー相談室 ………………… 136

147

〔ら行〕

ラーナー（Larner, R.J）……………… 24

利害関係者（ステイクホルダー）………… 3
歴史的にみた企業の対消費者窓口の例 136
連合株主支配 …………………………… 26

【編著者紹介】

菊池　敏夫（きくち　としお）

　早稲田大学政治経済学部卒業。同大学院経済学研究科修士課程修了。千葉商科大学教授，日本大学経済学部教授，中央学院大学大学院特任教授，東京福祉大学大学院教授を経て，現在東京福祉大学大学院非常勤講師，日本大学名誉教授，経営行動研究学会名誉会長。

　『企業金融と資本市場』（文雅堂銀行研究社），『現代企業論』（新評論），『現代経営学』（税務経理協会），『現代企業の経営行動』（編著　同文舘出版），『現代の経営行動』（編著　同友館），『企業統治の国際比較』（共編著　文眞堂），『現代企業論－責任と統治』（中央経済社）など。

金山　権（かねやま　けん）

　日本大学大学院経済学研究科博士課程修了。シンクタンク，商社顧問，大学講師等を経て桜美林大学に勤務。現在，大学院経営学研究科教授。博士（経済学）。

　経営行動研究学会常任理事，経営哲学学会理事，国際総合研究学会理事，アジア経営学会評議員。

　『現代中国企業の経営管理』単著，同友館（2000），『中国企業統治論－集中的所有との関連を中心に－』単著，学文社（2008），『企業統治と経営行動』共著，文眞堂（2012），他。

新川　本（しんかわ　もと）

　日本大学経済学部卒業，日本大学大学院経済学研究科博士前期課程修了。中九州短期大学専任講師を経て，現在，長崎県立大学経営学部准教授。

　経営行動研究学会理事，日本マネジメント学会理事。

　『企業統治と経営行動』共著，文眞堂（2012），『企業の責任・統治・再生－国際比較の視点－』共著，文眞堂（2008），『経営入門』共著，税務経理協会（2006）他。

編著者との契約により検印省略

平成26年4月30日	初版第1刷発行
平成29年11月30日	初版第2刷発行
令和元年7月30日	初版第3刷発行
令和2年10月30日	初版第4刷発行

企業統治論
－東アジアを中心に－

編著者　菊池　敏夫
　　　　金山　　権
　　　　新川　　本

発行者　大坪　克行

製版所　税経印刷株式会社

印刷所　光栄印刷株式会社

製本所　牧製本印刷株式会社

発行所　〒161-0033　東京都新宿区下落合2丁目5番13号
　　　　振替 00190-2-187408
　　　　FAX (03)3565-3391
　　　　URL http://www.zeikei.co.jp/
　　　　乱丁・落丁の場合は，お取替えいたします。

株式会社　税務経理協会
電話 (03)3953-3301（編集部）
　　 (03)3953-3325（営業部）

© 菊池敏夫・金山　権・新川　本 2014　　Printed in Japan

本書を無断で複写複製（コピー）することは，著作権法上の例外を除き，禁じられています。
本書をコピーされる場合は，事前に日本複製権センター（JRRC）の許諾を受けてください。
JRRC 〈http://www.jrrc.or.jp　eメール：info@jrrc.or.jp　電話：03-3401-2382〉

ISBN978-4-419-06096-1　C3034